Josip Lončar

Msza Święta
Książka i modlitewnik

Figulus MEDIA

Josip Lončar

Msza Święta
Książka i modlitewnik

2024

ZAWARTOŚĆ

Eucharystia — dziedzictwo testamentowe Jezusa

W lipcu 2019 r. w moje ręce trafiła książka *Msza Święta. Najważniejsza rzecz na świecie* autorstwa Josipa Lončara, i poproszono mnie, bym napisał kilka słów do drugiego wydania. Na samym początku książki autor składa dziękowania wszystkim, którzy wspierali go w przygotowaniu i wydaniu tej publikacji. Kiedy przeczytałem o wsparciu, którego udzielili mu biskupi, by nadal wzrastał w miłości do Boga, Kościoła i człowieka, i ja zechciałem być uczestnikiem tego wsparcia.

Cieszy mnie, że laik pisze o Eucharystii z taką miłością i chce wspierać wierzących, aby ci potrafili cenić i żyć najświętszą rzeczywistością na ziemi.

Jezus, zanim złożył swoją krwawą ofiarę na Kalwarii, ustanowił tę samą ofiarę w sposób bezkrwawy, i zostawił ją nam wypowiadając słowa „to czyńcie na moją pamiątkę". Autor w swoich refleksjach zawartych w książce korzysta z Pisma Świętego, Katechizmu Kościoła Katolickiego i innych dokumentów kościelnych, tak aby pomóc każdemu wierzącemu rozpoznać świętość aktu. Aby poznać, doświadczyć i żyć tym najświętszym darem na ziemi, musimy się do niego przygotować.

Dobrze przygotowana dusza może doświadczyć świętości aktu i dzięki niemu otrzymać obfite owoce. Na tej Ziemi nie mamy świętszego wydarzenia od celebracji Eucharystii, która jest źródłem i ujściem życia osobistego, a także życia wspólnotowego. Również my ludzie, żegnając się ze swoimi bliskimi przed śmiercią, pozostawiamy jako dziedzictwo jakieś słowa lub pamiątkę, abyśmy dzięki temu „nadal byli obecni wśród swoich". Tutaj Jezus chciał być i zostać ze swoimi, dla których cierpiał, umarł i zmartwychwstał, i dlatego ustanowił ten cudowny dar, w którym pozostał z nami na stałe i uobecnia swoje dzieło odkupienia, i zbawienia.

Poprzez swoje refleksje autor chce pomóc wierzącym w skonfrontowaniu się z tym darem. Najpierw aby poznać, a następnie praktykować i żyć tym najświętszym aktem, w którym spotykają się nasza śmiertelna osoba i nieśmiertelny Odkupiciel.

Dziękuję za ten wysiłek, by, prostymi słowami tej książki, pomóc ludziom poznać Eucharystię, pokochać ją i żyć tym cudownym Darem niebios na tej Ziemi. Niech Zmartwychwstały, który żyje w Eucharystii, ożywi nas życiem wiary dopóki pielgrzymujemy aż nie osiągniemy Jego obietnicy, że „każdy, kto Go spożywa nigdy nie umrze".

Sarajevo, w święto bł. Miroslava Bulešića
Vinko kardynał Puljić, arcybiskup metropolita vrhbosanski

Dlaczego taka książka

Postanowiłem napisać tę książkę przede wszystkim dlatego, że lubię mówić i pisać o Mszy Świętej, ponieważ jestem głęboko przekonany, że Eucharystia jest „najświętszym wydarzeniem na świecie", a w końcu ponieważ uważam, że zbyt mało o niej rozmawiamy i jeszcze mniej o niej świadczymy.

Ta książka przeznaczona jest szczególnie dla tych, dla których Msza Święta, z jakiegokolwiek powodu, jeszcze nie stała się głęboką wewnętrzną potrzebą, prawdziwym doświadczeniem duchowym, prawdziwym źródłem i sercem duchowości. W książce starałem się dzielić doświadczeniami, które zdobyłem przez lata, studiując i rozmyślając o książkach i dokumentach dotyczących liturgii oraz tymi doświadczeniami, które zdobyłem przez wiele lat uczestnicząc we Mszy Świętej.

Jeśli się postaramy, znajdziemy dokumenty kościelne, które określają co musimy robić, aby czynnie i owocnie uczestniczyć we Mszy Świętej, ale te same dokumenty właściwie wcale nie wspominają *jak* powinniśmy to robić.

Na przykład stwierdzają, że *musimy* przygotować się do Mszy, jeżeli chcemy w niej uczestniczyć *czynnie i owocnie*, ale nie określają w jaki sposób; stwierdzają, że *konieczne jest myśli uzgodnić ze słowami i współpracować z łaską niebieską*, ale nie mówią jak to zrobić; stwierdzają, że *od naszego osobistego usposobienia zależy ile i co otrzymamy podczas Mszy*, ale niełatwo znaleźć informację o tym, jak to usposobienie osiągnąć.

Trudno zatem znaleźć literaturę, która da zadowalające odpowiedzi na pytanie jak coś zrobić.

W książce skupiam się na ofierze odkupicielskiej, w której uczestniczymy podczas Mszy, ponieważ uważam, że na ten temat nie mówi się wystarczająco dużo.

Jezus Chrystus w pełni uczestniczył w swojej męce: całym sercem, całą duszą, całą swoją siłą fizyczną, umysłową i duchową - z całą swoją miłością. Odkupił nas przez swoją mękę, śmierć i zmartwychwstanie, ponieważ nas kocha, ponieważ się o nas troszczy.

W Mszy Świętej celebrujemy Jego odkupienie: tajemnicę Jego męki, śmierci i zmartwychwstania. Odkupienie najlepiej celebrujemy wtedy, gdy uczestniczymy w nim czynnie i owocnie, ofiarując je Ojcu w określonych intencjach. Nasz udział zależy w dużej mierze od tego, jak bardzo znamy i kochamy Boga oraz jak bardzo zależy nam na naszym własnym odkupieniu i odkupieniu bliźniego.

Jeżeli naprawdę zależy nam na tym, jeżeli naprawdę chcemy czerpać z doczesnych i duchowych owoców odkupienia, spełnienie założeń, które sugeruje nam Kościół nie będzie stanowiło dla nas problemu. Wszyscy prędzej czy później znajdziemy się w naszym życiu w sytuacjach, w których naprawdę nam na czymś zależy, i w których jesteśmy gotowi na specjalne ofiary.

Niestety, muszę przyznać, że w pewnym okresie mojego życia wiele Mszy traktowałem tylko jako obowiązek. Wtedy nawet nie myślałem o ofiarowaniu Męki Jezusa dla siebie lub kogoś innego – szczerze, z miłością i zaufaniem. A w razie problemów bardziej ufałem, że Bóg przyjdzie mi z pomocą poprzez inne nabożeństwa lub modlitwy.

Ponieważ przede wszystkim ta książka skierowana jest do zwyczajnych, małych ludzi, zrezygnowałem z nadmiernego wyjaśniania znaczenia ofiar Starego Testamentu, i zgodnie z tym usunąłem kilkadziesiąt stron tekstu. Ofiary starotestamentowe spełniają się w ofierze Jezusa i każda z nich może mieć pewieny związek z ofiarą mszalną. Nie poświęciłem zbyt wiele uwagi ofierze paschalnej dlatego że o jej związku z ofiarą eucharystyczną opublikowano wystarczającą ilość łatwo dostępnej literatury dobrej jakości.

Jestem przekonany, że książka przyniesie korzyść tym, którzy są w szczególnych potrzebach, które możemy umieścić pod wspólnym mianownikiem: „Tylko Bóg może mi pomóc w tej sytuacji” - i tym, którzy chcą stanąć przy tych ludziach i być ich orędownikami u Boga. Byłbym również bardzo szczęśliwy, gdyby jakiś młody człowiek, czytając ten tekst, postanowił odpowiedzieć na kapłańskie powołanie.

W każdym razie proponuję czytelnikowi zaczerpnąć z niniejszej książki to, co wydaje mu się akceptowalne i użyteczne.

(*KKK* 1098, 1101; *SC* 11; *KKK* 133; *KKK* 1394; *EE* 11; *KKK* 1414; *KKK* 1264)

Ważne, by wiedzieć

Bóg nieustannie jest z nami od chwili, gdy wyobraził nas sobie w swojej miłości. Jednak fakt, że Bóg jest cały czas z nami, nie oznacza koniecznie, że my jesteśmy z Nim (*KKK* 30).

Chociaż przez chrzest staliśmy się Jego przybranymi dziećmi i świątynią Ducha Świętego, jesteśmy z Bogiem wówczas, kiedy naprawdę chcemy z Nim być, kiedy chcemy spędzić czas w Jego obecności, kiedy chcemy spotkać Go w świątyni, w naszym sercu.

Bóg nie zmusza nas, abyśmy przychodzili do Niego. Można przebywać w kościele, na Mszy Świętej, można spędzać dużo czasu na modlitwie, a jednocześnie nie być ani z Nim, ani w Nim.

Wchodzimy w obecność Boga, kiedy z własnej woli, z niepodzielną uwagą, kierujemy do Niego swoje myśli, słowa, pragnienia, swoją wdzięczność, ufność, swoje zmartwienia, nadzieje, swoją świadomość: swój umysł i serce.

Kiedy w pełni *skupimy się* na Panu, On może tak bardzo przykuć naszą uwagę, że przekroczymy ograniczenia świata i w Niego przenikniemy. Wielu wierzących ma takie doświadczenia podczas Mszy Świętej, modląc się, podczas kazań zainspirowanych przez Ducha, podczas celebracji, podczas czytania słowa Bożego, podczas adoracji eucharystycznej... Zdarza się, że Pan tak mocno przyciąga nas do swojej obecności, że przestajemy być świadomi przemijania czasu i odczucia własnego ciała (ciepło, zimno, ból, głód, pragnienie, zmęczenie, senność...). Zamiast tego mamy świadomość głębokiego wewnętrznego pokoju, Bożej dobroci i czułości; jesteśmy świadomi pełnego znaczenia słów, które słyszymy i wymawiamy...

Takie stany mają różną intensywność, trwają krócej lub dłużej.

Dlaczego tak często nie dochodzi do tego podczas Mszy Świętej? Czy tylko dlatego, że nikt nigdy nie dał nam świadectwa, ani nie przekazał lub nie wpoił nam swoich doświadczeń? A może dlatego, że nie rozumieliśmy w naszym umyśle, ani nie poznaliśmy w naszych sercach, że czas spędzony na Mszy może dla nas być przyjemny i owocny? Może tylko dlatego, że nie przygotowujemy się do Mszy jak moglibyśmy i powinnyśmy?!

Przeżywamy swoje życie w świecie i w Bogu. Każdy decyduje za siebie, ile czasu poświęci Bogu. Kiedy w Nim jesteśmy, mamy do dyspozycji Jego wszechmocną łaskę. Tak jak winorośl nie może przynosić owoców bez soków, które dostarcza jej łodyga, tak my nie możemy zrobić nic bez Jezusa, bez Jego łaski - która w nas działa dopiero wtedy, *gdy jesteśmy z Nim i w Nim*. Bez Jezusa nie możemy wierzyć sercem, nie możemy kochać naszych nieprzyjaciół, nie możemy wybaczać z serca (*KKK* 154). Bez Niego nie możemy w pełni oprzeć się pokusom ciała, świata i Diabła. Bez Niego nie możemy być w naszych sercach zdrowieni ani uwolnieni. Bez Niego nie możemy rozwijać się w wierze, nadziei i miłości. Bez Niego nie możemy nic takiego ani zrobić, ani otrzymać (*J* 15,1-5).

My, chrześcijanie, *możemy się cieszyć Bożą obecnością i cieszyć się z niej* w szczególny sposób.

Jeśli narodzimy się z góry, z Ducha Świętego, wówczas nie jesteśmy niewolnikami przewidywalności. (*J* 3,1-8).

Osobiście nie stosuję się do żadnych ustalonych schematów modlitewnych, ale zawsze staram się znaleźć „lekarstwo" lub „pokarm", których w pewnym momencie najbardziej potrzebuję. Tak więc znajduję czas, w którym czytam i rozmyślam nad tekstami Pisma Świętego czas, w którym modlę się na różańcu i rozważam jego tajemnice, czas, na czytanie lektury duchowe czas, w którym napawam się tekstami psalmów, czas w którym rozmyślam nad męką Jezusa, czas, w którym chwalę i błogosławię Go, w którym składam dziękczynienie Jezusowi. Każdy z tych momentów może trwać od kilku godzin do kilku miesięcy. Czasami modlę się na kilka sposobów naraz.

Zawsze staram się znaleźć sposób rodzaj modlitwy, w którym naprawdę raduję się z doświadczenia obecności Boga. Przez słowo „radować się" rozumiem to, że zawsze czuję się z Bogiem dobrze, że jestem przez Boga akceptowany i kochany. Oczywistym jest, że nie zawsze odczuwam radość, na przykład podczas rozważania męki Jezusa, ale mogę stwierdzić, że z takich momentów też w jakiś sposób *się cieszę*, ponieważ wiem, że wtedy oddaję Mu swoją miłość. Są też dni, w których Bóg nie pociąga mnie w żaden modlitewny sposób. Mogę wykorzystać te dni, skupiając się szczególnie na czynieniu jakiegoś specjalnego dobra. Czyniąc uczynki miłosierdzia, tak samo cieszę się obecnością Boga, czuję, że oddaję Jezusowi niewielką część tego, co otrzymałem. Wszystko to, co wymieniłem, dzieje się podczas każdej Mszy Świętej. Każda Msza zawiera wszystkie te formy pobożności i dlatego ona jest najwspanialszym pokarmem i najwspanialszym lekarstwem dla naszej duszy. Dlatego uczestniczę we Mszy codziennie, oprócz wyjątkowych przypadków.

Msza Święta to spotkanie z Bogiem i przebywanie w nim w pełnym tego słowa znaczeniu. Podczas Mszy: chwalimy Boga, błogosławimy Go, wysławiamy Go, wielbimy Go, wyznajemy swoją wiarę, spożywamy Go, łączymy się z Nim, ofiarujemy Mu swoje potrzeby i potrzeby innych, słuchamy Jego Słowa, uczymy się od Niego. Podczas Mszy uczestniczymy w Jego ofierze, która wybawia nas od grzechu, słabości, choroby, bólu...

Wszystko to naprawdę dzieje się tylko wtedy, gdy jesteśmy w Nim!

Kiedy więc swoje skupienie kierujemy ku Bogu i na słowach, które słyszymy i wypowiadamy, wtedy rzeczywiście przebywamy *w Bogu*. Kiedy po tym myślami wrócimy do świata, do naszych codziennych zobowiązań i zmartwień, łaska *wciąż* jest w nas, nasz wewnętrzny człowiek wciąż zostaje świadomy obecności Boga, i dlatego wciąż pozostajemy w Bogu, zdolni żyć nadprzyrodzonym Boskim życiem. Kiedy zauważymy, że nie mamy już wystarczająco sił, aby wybaczać, ulegać, dawać; że nie mamy już wystarczająco dużo wewnętrznego spokoju, że straciliśmy radość - ponownie wejdźmy do Boga i spędźmy w Nim tyle czasu ile potrzeba na to, by ponownie napełnić się niezbędną do życia łaską.

Dla niektórych z nas niedzielna Msza Święta może już nie wystarczać - tylko dlatego, że doświadczyliśmy wcześniej, jak bardzo dzień rozpoczynający się Mszą Świętą różni się od dnia bez niej.

(*Ps* 139,1-18; *KKK* 1265; *Rz* 8,5-12; *KKK* 368; *KKK* 94; *KKK* 157; *KKK* 1743)

Msza Święta to sakrament odkupienia

WWielki Czwartek Jezus ustanowił dla nas sakrament Eucharystii, jako środek, dzięki któremu możemy czynnie i owocnie uczestniczyć w Jego odkupieniu i czerpać z niego dobra duchowe i doczesne, a które dzięki niemu należą także do nas.

Przez sakrament Chrztu zostaliśmy odkupieni z grzechu pierworodnego i ze wszystkich grzechów, które do tego momentu popełniliśmy. Przebaczono nam nasze grzechy i nadal otrzymujemy przebaczenie przez sakrament Spowiedzi. Jednak wciąż zdarza się nam, że mamy problemy z pewnymi grzesznymi skłonnościami, których nie możemy w żaden sposób przezwyciężyć, z cechami charakteru, których nie możemy zmienić, z różnymi przywiązaniami i uzależnieniami, od których nie możemy się uwolnić. Czasami ogarnia nas także udręka psychiczna, ciężkie i nieuleczalne choroby, lęki, depresja...

Prorok Izajasz, który żył siedem wieków przed ziemskimi narodzinami Jezusa, widział w swojej wizji, że Jezus umiera na krzyżu. Widząc to, co Jezus uczyni dla nas ludzi, słusznie zastanawiał się, ilu ludzi jego czasów, ale też cała ludzkość, która będzie żyć do końca świata, uwierzy w to, co zostało mu objawione o odkupicielskiej ofierze Jezusa. Zastanawiał się, ilu wierzących rzeczywiście uwierzy w dobra duchowe i doczesne, które należą do nas właśnie dzięki ofierze Jezusa, obecnej również poprzez uczestnictwo we Mszy Świętej.

Niewielu rozumie istotę odkupienia świata przez Jezusa i związek sakramentu Eucharystii z samym odkupieniem. Poniżej postaram się wyjaśnić w możliwie najprostszy sposób, dlaczego Eucharystia jest najświętszym i najważniejszym wydarzeniem na świecie.

Boży plan wobec człowieka

Trudno zrozumieć ofiarę mszalną, przez którą uczestniczymy w odkupieniu Chrystusa, jeśli nie rozumiemy Bożego planu co do człowieka. (*KKK* 280).

Bóg stworzył człowieka na swój obraz i podobieństwo, ukoronował go chwałą i blaskiem, dał mu władzę nad ziemią (Rdz 1, 26; Ps 8, 6-9), dał mu życie w obfitości. Stworzył człowieka, aby ten dzielił się z Nim miłością i szacunkiem, aby mógł uczestniczyć w dziele Jego stworzenia, w opiekowaniu się światem i panowaniu nad nim, i aby mógł cieszyć się życiem.

W ziemskim raju Adam cieszył się obecnością Boga i zadaniami, które Bóg mu powierzył, i za które otrzymał władzę, moc, wiedzę i mądrość - żył życie w obfitości. W wieczności, w raju, będziemy jeszcze bardziej cieszyć się obecnością Boga i, jestem głęboko przekonany, dzięki zadaniom które nam On powierzy w swoim królestwie - będziemy cieszyć się obfitością życia.

Każda istota ludzka jest wykreowana i stworzona jako istota wieczna i żaden człowiek nigdy nie przestanie istnieć. Od samego początku Bóg obdarzył nas niesamowitymi możliwościami, które wykraczają poza naszą wiedzę. Obdarzył nas nimi nie tylko na czas ziemskiego życia, ale również na całą wieczność (*KKK* 1029). W głąb naszej duszy wszczepił także to, co podarował Adamowi. Pismo Święte mówi, że zostaliśmy cudownie stworzeni - na obraz i podobieństwo Boga.

Punktem kulminacyjnym tej cudowności jest miłość. Najwyraźniej przejawia się to w gotowości oddania życia własnego za drugiego człowieka, kiedy świadomie postanawiamy cierpieć, a nawet umrzeć, aby ocalić czyjeś życie - ziemskie i/lub wieczne (*J* 15,13). Niektórzy zdają sobie sprawę z tej gotowości dopiero wtedy, gdy znajdą się w konkretnych życiowych sytuacjach. Na przykład matka w wysokiej ciąży, która z powodu nieuleczalnej choroby musi zdecydować, czy umrze ona, czy jej dziecko. Lub człowiek, który jest gotów narazić siebie na niebezpieczeństwo, aby uratować kogoś, kto nagle znalazł się w sytuacji zagrożenia życia. Lub synowa, która musi opiekować się teściową, z którą nie jest w dobrych stosunkach, a którą choroba nagle skazuje na długotrwałe unieruchomienie w łóżku.

Co mamy myśleć o ludziach, którzy dzięki łasce Bożej odkryli w sobie tę cudowność, którym wystarczy usłyszenie wieści, że jakaś osoba przechodzi przez ciężką próbę, aby zaczęli z miłością modlić się i odprawiać pamiątkę ofiary Jezusa?! Przy czym ci ludzie nie pomyślą nawet, że powinni otrzymać coś w zamian i że ktokolwiek powinien o tym wiedzieć! Co myśleć o misjonarzach, dobroczyńcach, ewangelizatorach, kapłanach, zakonnikach i zakonnicach, albo o rodzicach rodzin wielodzietnych lub rodzicach poważnie chorych dzieci i o wielu innych, którzy byli posłuszni wezwaniu Boga, wyrzekli się samych siebie, żyją i umierają dla innych? Ich radość polega na tym, że czynią dobro, nie patrząc na cenę jaką za to płacą. Czyż nie wszyscy oni są cudownie stworzeni?! Czy ta możliwość kochania ludzi jak Jezus, wszczepiona w nas w momencie stworzenia, nie czyni nas cudownymi?!

Bóg dał nam swego Ducha, abyśmy z jego pomocą odkryli to, czym nas obdarzył podczas naszego stwarzania (1 *Kor* 2,12). Dobrym przykładem jest Święta Matka Teresa z Kalkuty. Zanim poświęciła się umierającymi na ulicach Kalkuty, była wybitną zakonnicą i dobrze wykształconym profesorem. Niektóre z jej studentek na różne sposoby dbały o tych cierpiących ludzi i rozmawiały z siostrą Teresą o tym, co działo się na ulicach, ale pomysł, aby mogła do nich dołączyć, był jej zupełnie obcy. Nie czuła się ani zdolna, ani powołana, by zrobić coś takiego.

Wtedy jeszcze w swoim sercu nie rozumiała, że każdy człowiek (a zatem także i ona) został cudownie stworzony ze zdolnością i gotowością do poniesienia największych poświęceń w imię miłości do bliźniego.

W jednym momencie dzięki łasce Ducha poznała tę prawdę i od tego czasu jej życie nabrało zupełnie nowego znaczenia.

Jednym z ważnych powodów, dlaczego otrzymaliśmy Ducha Świętego, jest zdolność odkrywania dzięki Niemu prawdziwej prawdy o godności każdego człowieka stworzonego na obraz Boga.

W ogrodzie edeńskim (ziemskim raju) było wiele drzew, a w środku ogrodu znajdowały się dwa wyjątkowe drzewa: drzewo życia i drzewo poznania dobra i zła. Człowiek mógł jeść owoce każdego drzewa w ogrodzie, z wyjątkiem drzewa poznania dobra i zła. Bóg tego człowiekowi zabronił ostrzegając go, że w dniu, w którym złamie to przykazanie, umrze (Rdz 2, 15-17).

Adam wiedział zatem, że nieposłuszeństwo wobec Boga jest złem, ale zło w całej jego pełni poznał dopiero wtedy, gdy go doświadczył, to znaczy kiedy je popełnił. Wiedza związana jest z rozumem, z zewnętrznym aspektem człowieczeństwa, a poznanie z doświadczeniem serca, z jego aspektem wewnętrznym.

Musimy założyć, że Bóg wyjaśnił Adamowi, co to znaczy umrzeć; w przeciwnym razie jego kara nie byłaby sprawiedliwa. Adam nie miał doświadczenia śmierci i dlatego *musiał wierzyć*, że śmierć jest naprawdę taka, jak ją opisał Bóg. Adam nawet nie doświadczył potępienia Boga i dlatego *musiał wierzyć*, że z powodu swojej prawości i bezstronności Bóg będzie musiał wypełnić tak straszną groźbę, pomimo tego, że znał Go tylko jako nieskończenie dobrego Ojca. Adam powinien był posiadać wówczas bojaźń Bożą, powinien był wiedzieć, że Bóg dotrzymuje swojego słowa. Dopóki Adam wierzył w Boga, był zbawiony, żył poza grzechem i miał życie wieczne.

My, zrodzeni z Adama i Ewy, nie mamy doświadczenia życia wiecznego i dlatego *musimy wierzyć* w słowo Boże, które mówi nam, że każdy człowiek będzie żył wiecznie, czy to w raju, czy w piekle. Również *musimy Mu ufać*, gdy mówi, że będzie sprawiedliwym i bezstronnym sędzią, i że z powodu Jego sprawiedliwości i bezstronności wielu zostanie skazanych na piekło, na wieczność, w której zamiast życia w obfitości, będą cierpieć wieczne męki.

Bóg widział serce Adama za każdym razem, gdy ten opierałby się z własnej woli zakazanemu drzewu, które go wabiło, ponieważ było pociągające dla oczu i stanowiło zarazem źródło mądrości, i Bóg szanował jego wysiłki. Adam był wystawiony na próbę codziennie, ponieważ zakazane drzewo znajdowało się w centrum ogrodu, w centrum jego uwagi, podobnie jak drzewo życia, z którego czerpał życie. Nasze sumienie działa w ten sam sposób: nieustannie znajdujemy się w sytuacjach, w których musimy się zdecydować na czynienie dobra, oraz w takich, w których musimy unikać popełniania zła (*KKK* 1776–1802). I my często jesteśmy wystawieni na przebywanie w pobliżu jakiegoś pociągającego drzewa, którego owoce mogą prędzej czy później zabić naszą wiarę i pragnienie życia wiecznego w raju.

To, czego Bóg chciał dla Adama i Ewy, chce dla każdego człowieka: chce, abyśmy traktowali Jego słowa poważnie, chce, aby Jego słowa były dla nas ważne, aby były dla nas święte, abyśmy ufali im bez zastrzeżeń. Bóg chce, abyśmy wpisali Jego słowa w nasze serce, ponieważ tylko w ten sposób możemy żyć w miłości, pokoju i sprawiedliwości, tylko w ten sposób możemy posiadać godność dzieci Bożych (*KKK* 1780-1782). Często nie jest to wcale łatwe i właśnie dlatego, że nie jest łatwe, jesteśmy godni Jego szacunku (*J* 12,26).

Dlaczego Bóg pozwolił Adamowi zgrzeszyć

Dlaczego Bóg pozwala nam grzeszyć? Bez wolnej woli, bez możliwości zgrzeszenia, bez możliwości, abyśmy sami wybrali między dobrem a złem, bylibyśmy jak robot. Nie moglibyśmy wyrazić szacunku ani Bogu, ani nikomu innemu; bylibyśmy bez godności. W niebie, w wiecznym królestwie Bożym, wszyscy zbawieni będą święci, ale nie wszyscy będą równi pod względem godności.

Nie mogliśmy wybrać sami, kiedy, gdzie i jacy urodzimy się dla życia ziemskiego, ale przez nasze życiowe wybory, przez naszą wolną wolę, wybieramy swoją wieczną pozycję. Nieustannie sami decydujemy się na miłość, szacunek, wybaczanie i czynienie dobra. Także sami decydujemy, na ile jesteśmy gotowi poświęcić siebie. Sami decydujemy, czy chcemy robić postępy w czynieniu dobra, czy chcemy się zmieniać, czy chcemy wzrastać w łasce i mądrości. Ta wolność decyzji jest nam dana, aby każdy z nas mógł sobie zapracować na swoją wieczną pozycję w sposób całkowicie sprawiedliwy i bezstronny, i tak aby zbudował swoją wieczną godność. Każdy, nawet najmniejszy dobry uczynek, taki jak podanie szklanki wody spragnionemu uczniowi Chrystusa, ma ogromny wpływ na wieczność (*Mt* 10,42; *Mk* 9,41). Dlatego w tym krótkim życiu starajmy się gromadzić jak najwięcej niezniszczalnego skarbu na wieczność (Łk 6,23; Łk 6,35).

Adam i Ewa kochali Boga, ale kochali bardziej siebie i dlatego nie oddawali Mu czci i nie ufali Mu w pełni, nie mieli wystarczająco bojaźni Bożej (*Mt* 16,24; *Mk* 8,34; Łk 9,23; *J* 12,25). Pewnego dnia wtrącił się szatan. Adam i Ewa *poświęcili zbyt wiele uwagi jemu i zakazanemu drzewu*, i on wykorzystał okazję – uwiódł ich, by zapragnęli tego, co do nich nie należało, i doprowadził ich do grzechu. Uwierzyli wężowi, który nazwał Boga kłamcą, postanowili się buntować i stanąć na równi z Bogiem. Chcieli żyć tak, by nie zależeć już od Boga i nie żyć według Jego zasad. *Chcieli jeszcze bardziej cieszyć się życiem.* Brzmi znajomo?! Zgrzeszyli i utracili swoją godność. Nie mieli już dostępu do drzewa życia i zostali wypędzeni z raju. Utrata łaski skłoniła ich do grzechu, strachu, niepokoju, bólu, chorób oraz śmierci cielesnej, a potem, co gorsza, czekała ich wieczność w piekle. Nie stałoby się to, gdyby kochali Boga bardziej niż siebie samych, gdyby byli mu wdzięczni, szanowali Go, żyli w bojaźni.

Szatan, prawdziwy mistrz dla tych, którzy należą do świata zamiast do Boga, nadal stosuje tą samą taktykę, a walka ta wciąż się toczy (1 *J* 5,19; *Ef* 6, 10-20).

Wygnany Adam nie tęsknił ani za zdrowiem, ani za dobrobytem, ani za czymkolwiek, co stanowi dla nas przyjemność w życiu ziemskim, ponieważ było to niczym w porównaniu z tym, co miał w raju. Był wdzięczny za to wszystko, ale co najważniejsze, tęsknił za Bogiem, za przyjaźnią z Nim, za wszystkim, co robił w raju. Tęsknił za niewiarygodnie wielką godnością, którą utracił.

Przeminęło wiele pokoleń od czasów Adama i Ewy, a człowiek wciąż przychodzi na świat z poczuciem odrzucenia z raju, z poczuciem odrzucenia od Boga. Przychodzimy na świat, żyjemy i umieramy w głęboko niesprawiedliwym świecie. W głębi duszy tęsknimy za pokojem i godnością, które Adam miał w raju, a których przedsmak czujemy (które uprzedzamy poprzez obecność Boga i przebywanie w Nim), kiedy jesteśmy w obecności Boga, gdy w Nim przebywamy. Im głębiej wchodzimy w obecność Boga, tym bardziej jesteśmy świadomi tej tęsknoty. Świat, ciało i diabeł oferują nam swoją wersję szczęścia, pokoju i godności, oferują nam swoje życie w obfitości, które możemy mieć tylko wtedy, kiedy Boga opuścimy.

Bóg z kolei oferuje nam swoją wersję pełni życia na przykładzie ziemskiego życia swego Syna, ale także wielu świętych. Nie obiecuje nam szczęścia na zewnątrz (*J* 16, 33), ale głęboką wewnętrzną radość i pokój (*Gal* 5, 22). Jeden ze złoczyńców ukrzyżowanych z Jezusem wpatrywał się w umierającego Jezusa i Jego matkę pod krzyżem, a drugi w tłum, który Go obrażał. Jeden uwierzył Jezusowi, a drugi tłumowi (Łk 23, 39-43). *Od nas zależy, w kogo się wpatrujemy, ponieważ temu, w kogo się wpatrujemy, jemu najczęściej uwierzymy.*

Tak będzie, dopóki Jezus nie przyjdzie ponownie.

Dobra, radosna nowina

Adam i Ewa byli pewni, że bezpowrotnie utracili raj. I bardzo dobrze wiedzieli, co utracili. Bóg wiedział, że człowiek zgrzeszy i umrze, jednak dopuścił, aby do tego doszło, ponieważ przewidział możliwość podarowania człowiekowi jeszcze większego błogosławieństwa płynącego z jego upadku, niż tego, jakie miał przed nim (*KKC* 280, 302 i 412).

Bóg najpierw głosi ewangelię Adamowi – oznajmia mu możliwość zbawienia, możliwość narodzenia się na nowo dla życia, które utracił przez wiarę w ofiarę odkupicielską Jego Jednorodzonego Syna Jezusa Chrystusa (*KKC* 55 i 410). Po Adamie Bóg nieustannie przekazuje tą samą dobrą, radosną nowinę: Abrahamowi, Mojżeszowi, Izajaszowi, innym prorokom... (Dz 10, 43; *1 P* 1,10-12; *Iz* 53,1-12; *Łk* 2,25-38; *J* 8,56; *KKK* 522; *IV. Modlitwa eucharystyczna*).

Bóg nie opuścił Adama całkowicie. Chociaż Adam i Ewa zostali wyciągani z raju, nadal żyli przed obliczem Boga (w Jego obecności) i komunikowali się z nim (*Rdz* 4, 16). Czy jesteśmy sobie w stanie wyobrazić reakcję Adama w chwili, gdy Bóg powiedział mu, że istnieje sposób i możliwość przebaczenia mu grzechu, i że może się *zbawić*, że może narodzić się na nowo dla raju?! (*J* 3, 3) Dla Adama ewangelia - wezwanie do zbawienia od wiecznej śmierci i do ponownego uczestnictwa w wiecznym królestwie Bożym pełnym miłości, sprawiedliwości i pokoju - była bardzo dobrą i radosną nowiną. To była najlepsza nowina, jaką mógł usłyszeć.

Bóg powiedział Adamowi, że jego grzech może zostać wybaczony, i że może narodzić się na nowo dla raju, ale ktoś inny będzie musiał wziąć na siebie jego winę. Ktoś inny będzie musiał umrzeć dobrowolnie, z własnej woli, aby wina Adama została wybaczona i aby mógł się narodzić na nowo. (*Iz* 53, 12).

Tym kimś innym jest Jezus, Syn Boży. On weźmie na siebie karę, w taki sposób że silnie się poniży i stanie się człowiekiem - pozwoli na to, by inni Nim pogardzili, by Go odrzucili, skazali, poniżyli, strasznie torturowali, i w końcu stracili Go na krzyżu (*Iz* 53,1-12).

Czy Adam mógł to zaakceptować? Mógł, ponieważ wiedział, że Jezus uczyni to całkowicie dobrowolnie, motywowany żarliwą miłością do każdego człowieka (*J* 3, 16). Adam mógł także zaakceptować to, że Jezus umrze zamiast niego dlatego, że Bóg objawił mu, że Jego Syn nie pozostanie w grobie, ale zmartwychwstanie trzeciego dnia. Ilu ludzi dzisiaj nie może zaakceptować faktu, że zostaną zbawieni, jeśli zaakceptują tę prawdę?

Adam zgrzeszył, a wszyscy, którzy się z niego rodzą, cierpią skutki jego grzechu. Ponieważ my sami nie jesteśmy odpowiedzialni za ten pierwotni grzech Adama, Bóg nie chciał, abyśmy sami płacili okup. On sam zaoferował zapłatę za nas wszystkich.

W chwili, kiedy Adam zrozumiał Bożą ofertę zbawienia, z pewnością upadł twarzą na ziemię w głębokiej pokucie, wdzięczności i uwielbieniu!

Co konkretnie Adam powinien był zrobić

Ofiara Adama nie jest nigdzie zapisana w Piśmie Świętym. Wiemy na pewno, że Adam, po wygnaniu z ziemskiego raju, rozmawiał z Bogiem, i że On nauczył go składać ofiary. Można przypuszczać, że Bóg wyjaśnił mu także znaczenie tego rytuału. A zatem Bóg obiecał dotrzymać danego przez siebie słowa i za cenę pojednania z Bogiem Adam musiał uczynić to samo. Musiał złożyć ofiarę przebłagalną – zwierzę bez skazy, musiał wyznać swój grzech, poprosić o przebaczenie, położyć ręce na głowie zwierzęcia, i w ten sposób symbolicznie przyznać swoją winę, zabić zwierzę i przelać jego krew. Ale to nie wystarczyło. Adam *musiał wierzyć*, że ta ofiara, ten obrzęd, była tylko znakiem (symbolem), duchowym połączeniem z ofiarą, w której Chrystus, Baranek Boży bez skazy, zostanie zabity za jego grzech. Jestem głęboko przekonany, że Adam *musiał wierzyć*, że przez ten obrzędowy czyn poświęcenia zwierzęcia uczestniczy w sposób duchowy w ofierze Syna Bożego, która się wypełni się na końcu czasu. *Musiał wierzyć*, że kładąc ręce na zwierzęciu, w wymiarze duchowym kładzie ręce na Chrystusa ukrzyżowanego i oddaje mu grzechy, aby to On za za nie zapłacił zamiast niego.

Jeśliby Adam nie wierzył ofierze Jezusa, nie zbawiłoby go żadne składanie ofiar, żaden obrzęd. Adam został zbawiony, ponieważ uwierzył, że poświęcając zwierzę, tak naprawdę uczestniczy w ofierze Jezusa, uwierzył, że w niej współuczestniczy z wyprzedzeniem.

Gdyby Chrystus w Ogrodzie Getsemani uciekł od złożenia ofiary, grzech Adama nie zostałby wybaczony, ponieważ krew zwierząt nie może zmazać grzechu. Jezus nie zrezygnował z poświęcenia się w ofierze i Adam został zbawiony (*Syr* 49,16).

Ważne, aby zwrócić uwagę na związek między starotestamentowymi ofiarami a ofiarą Jezusa. Tym łącznikiem jest *wiara*. Ci, którzy odprawiali pamiątkę ofiary pokutnej za grzechy, musieli wierzyć, że składając ofiarę ze zwierząt, uczestniczą w ofierze Mesjasza (Chrystusa, Pomazańca). Ofiara, którą odprawiali, bez względu na to, ile ich kosztowała w każdym możliwym sensie, sama w sobie nie mogła odkupić ich od grzechu. Ofiara zawsze była tylko obrzędem, który dzięki wierze łączył ich z ofiarą Jezusa Chrystusa. Była ona środkiem, dzięki któremu wielokrotnie współuczestniczyli w ofierze Jezusa, zanim została ona złożona tylko raz w historii.

Tajemnica ta została zakryta dla większości ludzi Starego Testamentu, ponieważ albo nie mogli, albo nie chcieli uwierzyć w to, co Bóg głosił im przez proroków. Jednak Bóg nie gardził tymi, którzy ze szczerą skruchą odprawiali przed Nim pamiątkę ofiary pokutnej, i z powodu niewiedzy nie byli w stanie uwierzyć w odkupienie Chrystusa. Ponadto, Bóg zesłał swego Syna, aby po śmierci zstąpił do podziemi, i tym, którzy czekali na odkupienie w Szeolu, głosił swoją ofiarę, aby i oni uwierzyli, i zbawili się przez wiarę (*Apostolskie wyznanie wiary*: „...zstąpił do piekieł...").

Co my powinniśmy
robić czynić

My również powinnyśmy poświęcać ofiarę Jezusa Ojcu za odkupienie i zbawienie. Eucharystia jest środkiem, który Jezus ustanowił, aby również i nam umożliwić duchowe, sakramentalne uczestnictwo w Jego ofierze, którą złożył tylko raz. Podobnie jak Adam i ludzie Starego Testamentu, którzy składali ofiary ze zwierząt i w ten sposób współuczestniczyli w ofierze Jezusa wiele razy *z wyprzedzeniem, zanim ona rzeczywiście się wydarzyła*, tak i my możemy wielokrotnie współuczestniczyć w tej samej ofierze celebrując Eucharystię, kiedy już rzeczywiście się wydarzyła.

Jak możemy sobie to wyobrazić? Kiedy Jezus umierał na krzyżu, Ojciec widział całą historię ludzkości. Widział zarówno Ciebie, jak i mnie, i widział każde poświęcenie męki Jezusa. Chociaż w ciągu naszego życia odprawiamy Mszę Świętą i ofiarujemy ją w różnych intencjach, On już wtedy widział wszystkie nasze poświęcenia – w chwili męki i śmierci Jezusa. Dlatego wszystko to, co oddawaliśmy Jezusowi, i co jeszcze będziemy Mu oddawać, by *ponieść i wziąć na siebie*, Jezus naprawdę już *wziął i poniósł (Iz 53,4-6)*. Kiedy podczas Mszy Świętej poświęcamy Jego ofiarę Ojcu, powinniśmy być świadomi, że to poświęcenie nie wydarza się na zewnątrz czasu.

Ojciec Niebieski oczekuje od nas poświęcania Mu ofiary Jezusa, by w ten sposób otrzymać Jego odkupienie, ale chce także, byśmy je przekazywali innym. Jezus chce, abyśmy, celebrując pamiątkę Jego męki, przyjęli Jego miłość i otrzymali jak najwięcej duchowych i doczesnych korzyści dla siebie i innych, i chce, abyśmy w Eucharystii odwzajemnili Mu miłość z krzyża. Chce, abyśmy z jednoczyli nasze cierpienia z Jego cierpieniem i w ten sposób wypełniali to, czego brakuje Jego doskonałej ofierze – a jest to czynny i owocny w niej udział oraz przekazywanie jej innym. (*Kol* 1,24).

Wiara, nadzieja i oczekiwanie

Dlaczego współcześnie nie jesteśmy w stanie dostrzec wielu dóbr duchowych i doczesnych, które są konkretnymi owocami Eucharystii? Jeden z wielu powodów dostrzeganych przez Kościół jest nieodpowiednie przygotowanie się do celebracji Mszy Świętej.

Najczęściej nie rozumiemy procesu otwierania serca na wiarę, dlatego nie chcemy poświęcić wystarczająco dużo wysiłku i czasu na przygotowanie się do Mszy Świętej. Wielu świeckich, a także kapłanów, szczerze przyznaje, że nie wierzą ani nie mają nadziei, że otrzymają jakieś konkretne wysłuchanie modlitwy dzięki uczestnictwie we Mszy. Najprawdopodobniej nikt im nie przekazał swoich doświadczeń, nikt ich nie "zaraził" wiarą.

Wierzę, że możemy dostrzec różnicę między wiarą rozumu a wiarą serca. Przytoczmy tylko jeden przykład. Niewielu z nas nie przyjmuje rozumem, czyli mało kto odrzuca prawdy biblijnej, że Bóg jest naszym Ojcem, który stworzył nas z miłości i chce całkowicie o nas zadbać. Jednak tak samo niewielu z nas w tę prawdę wierzy w swoim sercu. Innymi słowy, mało kto rzeczywiście doświadczył prawdziwej miłości Ojca. Do rzadkości należą wierni, którzy w swoich potrzebach zwracają się do Boga jako umiłowanego Ojca, z prawdziwym zaufaniem i ufnością, że będą wysłuchani; do rzadkości należą ci, którzy prawdziwie cieszą się z przebywania w obecności Ojca.

Przygotowując się do pisania niniejszej książki, przeczytałem dużo tekstów (książek i artykułów) na temat ofiary mszalnej. Zauważyłem wówczas, że prawie wszyscy autorzy odwołują się do rozdziału 53 Księgi proroka Izajasza, który mówi o odkupicielskiej ofierze Jezusa, oraz o mężu boleści Izajasza. Mimo że Izajasz, wyliczając wszystko, co Jezus dla nas uczynił (wersety 4-6), rozpoczyna i kończy wspomnieniem chorób, ból, grzechu i wszelkich niegodziwości, autorzy najczęściej zajmują się tylko grzechami. Wspominają również Paschę, ale nie wspominają o tym, że owocem Paschy było też uzdrowienie wszystkich chorych Żydów. Tej nocy, zgodnie z biblijnym przekazem, miało miejsce największe, masowe uzdrowienie ludzi w historii ludzkości (*Ps* 105, 37).

Wielu kapłanów nigdy nawet nie próbowało odprawić Mszy Świętej w intencji ciężko chorego człowieka, zgodnie z formularzem *Mszy za chorych* lub Mszy w intencji konających według formularza *Mszy za konających*, tylko dlatego, że nie mają nadziei, że Bóg naprawdę uczyni coś konkretnego. Gdyby mieli nadzieję, na pewno by to zrobili. Nie odprawiają Mszy Świętej w szczególnej intencji uważając, że każda Msza Święta ma na celu odkupienie, że Bóg może uczynić wszystko poprzez każdą Mszę. I częściowo mają rację. Bóg oddaje nam się całkowicie w każdej Mszy Świętej. Jeśli w naszym sercu wierzymy, Bóg uczyni to samo podczas Eucharystii, której nie odprawia się w szczególnej intencji. Konkretne wzory zostały nam dane tylko po to, abyśmy łatwiej uwierzyli, abyśmy się łatwiej otworzyli, abyśmy łatwiej usposobili serce do oddania się, abyśmy łatwiej otrzymali łaskę odkupienia. Właśnie dlatego Msze odprawiane według specjalnego formularza naprawdę mają sens.

Jeśli dzięki rozumowi jesteśmy w stanie przynajmniej zaakceptować to, że celebrując misteria liturgiczne, rzeczywiście uczestniczymy w odkupieniu Jezusa, jest to już wystarczający powód do odprawienia intencji mszalnej w oczekiwaniu. Święte słowa, czyny, znaki i symbole pojawiające się podczas liturgicznego obrzędu wprowadzają nas w różne osobiste i wspólne relacje z Bogiem. Wiara serca przychodzi jako dar Boży, jest owocem relacji z Nim, jest odpowiedzią na nasze oczekiwanie na chwilę łaski i wysłuchanie naszych modlitw. Czasami nie otrzymujemy daru wiary serca od razu ale jest on owocem procesu oddania się, który rozwija się w trakcie kilku Mszy. Proces otwierania się na działanie Boga poprzez oddanie się Jego woli można nazwać *oczekiwaniem*, ponieważ różni się on od zwykłego czekania. Oczekiwanie to czynny udział podczas którego w spokoju serca jesteśmy skupieni na Odkupicielu, pozwalając Mu wybrać, kiedy nastąpi odkupienie i jaki będzie jego wynik. Oczekiwanie zakłada, że Bóg zdecydowanie „się włączy" i jednocześnie pomoże nam „się włączyć".

Przypomnijmy sobie przykład proroków Starego Testamentu, którzy mieli w zwyczaju składać ofiary nawet kilka razy z rzędu oczekując, że Bóg do nich przemówi. Lub przypomnijmy Eliasza modlącego się o deszcz. Oczekiwał deszczu, kiedy jeszcze dosłownie nie było żadnych chmur na niebie. Wiedział, że chmury nadejdą w wyniku jego modlitwy, chociaż nie wiedział, jak długo będzie musiał pozostać w Bogu modląc się. Nie miało to jednak decydującego znaczenia, ponieważ Eliasz wiedział, że podczas składania swoich próśb przebywa przed obliczem Boga i błogosławieństwem jest także czas spędzony na modlitwie, a nie tylko moment, kiedy zostaje wysłuchany. I my, podobnie jak Eliasz, powinniśmy być świadomi, że czasami odkupienie nie nastąpi, dopóki nie uwolni nas łaska i nie uz drowi przyczyn naszych problemów, a także dopóki nas nie przygotuje do zachowania otrzymanych owoców odkupienia. Nie spieszmy się więc, nie starajmy się zbytnio wyprzedzać otrzymania odpowiednich darów, lecz oddajmy się łasce, która nas najpierw przygotowuje, abyśmy mogli zachować i uchronić to, co otrzymamy.

Wiara serca pojawi się zatem w spotkaniu z Bogiem. Nie musimy jej mieć przed rozpoczęciem Mszy Świętej.

Bóg chciał liturgii

Bóg chciał, z konkretnych powodów, aby każda ofiara składała się z wyraźnie określonych czynów, słów, znaków i symboli. Chciał liturgii już od pierwszej ofiary Adama. Mógł przecież powiedzieć Adamowi, że wystarczy uwierzyć w ofiarę Jezusa, odpokutować i dzięki temu otrzymać zbawienie. Bóg jednak nie chciał, by Adam tylko uwierzył, ale by czynnie uczestniczył w ofierze. Chciał, by cały ten proces, cały obrzęd - wybór zwierzęcia, przygotowanie ołtarza i ofiary oraz wszystko, co było potrzebne do jej złożenia - przygotowało Adama do odprawienia pokuty i wyznania winy; by zabijanie niewinnego zwierzęcia bez skazy i przelanie jego krwi możliwie najintymniej złączyło Adama z ofiarą Jezusa, Syna Bożego. Bóg chciał, by osoba składająca ofiarę była świadoma faktu, że jej karę za grzechy przejmuje na siebie Baranek bez skazy, bez grzechu; że Jezus, Baranek, płaci krwią męczeńską, że płaci własnym życiem. Liturgia ze swoim przebiegiem obrzędów umożliwia nam intymne złączenie się z ukrzyżowanym Chrystusem. W ten sposób uczestniczymy w Jego ofierze aktywnie, czynnie i owocnie.

Rodzimy się z upadłą i skażoną grzechem pierworodnym naturą. W momencie chrztu (który Bóg również chciał, by był to obrzęd, czyn liturgiczny) i przyjęcia wiary, Bóg wybacza nam nasze grzechy, tchnie w nas swego Ducha i przyjmuje nas do grona przybranych dzieci. W momencie chrztu zostajemy zbawieni, ale nadal żyjemy w ciele skłonnym do grzechu i w świecie, w którym chce rządzić Diabeł. On stara się w każdy możliwy sposób oddalić nas od Boga i poddać swojej władzy, abyśmy zeszli z drogi zbawienia.

W momencie chrztu nasza upadła niezmi nie zostaje całkowicie przemieniona w nową, wskrzeszoną naturę. Wciąż zostajemy do pewnego stopnia samolubni i egocentryczni, czujemy się mniej lub bardziej odrzuceni przez Boga, nie znamy Go wystarczająco dobrze i nie darzymy Go synowskim zaufaniem, nie jesteśmy przyzwyczajeni do przebywania w Jego obecności. Ponieważ nasza natura wciąż jest skłonna do grzechu i najróżniejszych pokus doczesnych, przez całe życie jesteśmy zobowiązani do dążenia do własnego nawrócenia, do ciągłej zmiany natury, do wzrastania w świętości. To ciągłe nawracanie następuje owocnie poprzez przebywanie w Bogu, a zwłaszcza przez odkupienie w ofierze Mszy Świętej.

„Boże życie" możemy mieć tylko w tych częściach osobowości (natury), które są odkupione. Możemy więc zauważyć, że z pewnymi grzechami nie mamy wcale problemu i z radością przyjmujemy i zgadzamy się z tymi Bożymi przykazaniami, które ich dotyczą podczas gdy z pewnych grzesznych nawyków nie możemy się uwolnić. (*Rz* 7,14-25). Podobnie, możemy zauważyć, że w niektóre słowa Jezusa wierzymy całym naszym sercem, w niektóre wierzymy tylko rozumem, podczas gdy w niektóre nie wierzymy w ogóle. Tam, gdzie nie jesteśmy odkupieni, nie możemy mieć „Bożego życia", w tej części naszej natury Jezus nie jest Panem.

Bóg chciał Kościoła, chciał liturgii, chciał sakramentów, chciał Mszy Świętej – takiej jaka jest. Chciał, abyśmy jedli Jego ciało i pili Jego krew, chciał, abyśmy czynnie i owocnie uczestniczyli w Jego ofierze.

Bóg chciał, abyśmy mieli życie, które dzieje się w nas przez Eucharystię (*J* 6, 50-59).

W ofierze Paschalnej drzwi domu rodzinnego zostały oznaczone krwią baranka, a niszczycielski duch nie mógł wejść do domu i zabić ani pierworodnych wśród ludzi, ani pierworodnych wśród zwierząt (*Wj* 12, 29). Po spożyciu Paschy Żydzi z niewolników stali się ludźmi bogatymi (*Wj* 12, 35-36). Wszyscy chorzy, którzy spożywali Baranka ofiarnego, zostali uzdrowieni (*Ps* 105, 37). Zostali uzdrowieni, by mogli pójść w kierunku Ziemi Obiecanej.

Spożywając ciało Baranka z wiarą w sercu, uzdrawiamy także ducha, duszę i ciało tak, abyśmy z powodzeniem nadal „wędrowali" ku „Ziemi Obiecanej", to znaczy ku niebu. Pijąc Jego krew, za każdym razem odnawiamy przymierze chrztu, dzięki któremu staliśmy się przybranymi dziećmi Boga i należymy do Niego i dzięki któremu On się o nas troszczy.

Kto spożywa ciało Jezusa i pije Jego krew z wiarą w sercu, ma życie w sobie. Jakie jest to życie, o którym mówi Jezus? To jest życie, w którym cieszymy się osobistą, intymną relacją z Bogiem. W Bogu znajduje się źródło, z którego pijemy, i dlatego Jezus woła do każdego, kto jest spragniony, by przyszedł do Niego i pił ze źródła, w które wierzy ponieważ w Jego krwi jest życie, ponieważ w Jego krwi jest łaska, ponieważ w Jego krwi jest silnie obecny Duch Święty (*Ps* 36, 9;

J 7, 37-39). Jezus chciał, aby sakrament Eucharystii zawierał w sobie widoczny znak picia Jego konsekrowanej krwi, aby ten znak przywoływał w naszym umyśle i sercu źródło życia wiecznego. W ten sposób chciał wyposażyć nasze serca (naszą osobistą świątynię Ducha Świętego), by napełniły się Duchem (*Ef* 5, 19). Jezus chciał, abyśmy pili Jego krew, ponieważ wiedział, że Jego miłość może ugasić pragnienie naszych dusz (*KKK* 1390).

My, chrześcijanie, nowy lud Boży, nie składamy ofiar ze zwierząt, ale uczestniczymy w ofierze Jezusa za każdym razem od nowa przez cud Eucharystii. Kiedy celebrujemy Eucharystię, pamiątkę śmierci i zmartwychwstania naszego Pana, to wówczas centralne wydarzenie zbawienia staje się rzeczywiście obecne i „dokonuje się dzieło naszego odkupienia" (*EE* 11; *LG* 3; *KKK* 611).

Jezus Chrystus jest *ofiarą, kapłanem i ołtarzem* we Mszy Świętej. On *się poświęca,* On *ofiaruje* naszą intencję *Ojcu* razem z nami, i On jest ołtarzem, ponieważ *znajdujemy się w Nim,* kiedy składamy ofiarę, kiedy spożywając Go, stajemy się z Nim jedno (*KKK* 1391). Dlatego spożywanie ofiary, czyli spożywanie ciała Baranka i picie Jego krwi, jest kulminacją ofiary Mszy (*KKK* 1340 i 1128).

Przez chrzest zostaliśmy kapłanami, prorokami i królami, abyśmy mogli ofiarować Ojcu Jezusa we Mszy Świętej w naszych własnych intencjach, i abyśmy mogli umocować nasze dobrowolne ofiary (cierpienia) do Jego ofiary, ofiarując je za odkupienie i zbawienie grzeszników (*Kol* 1, 24; *KKK* 783-784, 871, 1141, 1268, 1273, 1322).

Każdą Mszę *można* odprawiać w kilku intencjach, razem z główną intencją wspólnoty zgromadzonej pod przewodnictwem kapłana celebrującego Mszę. Liczba intencji na każdej Mszy zależy od tego, ile i jak wierzymy w Eucharystię oraz ile miłości mamy dla tych, którzy potrzebują łaski z krzyża.

Odważę się stwierdzić, że Msza liturgicznie jest przeznaczona do naszego uczestnictwa w odkupicielskiej ofierze Jezusa w możliwie najaktywniejszy i najbardziej owocny sposób. Dlatego uważam, że ci, którzy są odpowiedzialni za przygotowanie i przebieg Mszy Świętej, powinni zwrócić największą uwagę na umożliwienie zgromadzonej wspólnocie uczestnictwo w niej tak czynnie i owocnie, jak to tylko możliwe.

Dla lepszego zrozumienia polecam czytelnikowi przeczytanie i przestudiowanie przynajmniej tej części *Katechizmu Kościoła Katolickiego*, która mówi o sakramencie Eucharystii (część druga, rozdział trzeci), a na pewno *Encykliki o Eucharystii* (EE) Świętego Papieża Jana Pawła II.

Dobra, które otrzymujemy dzięki Mszy Świętej

Które dobra możemy otrzymać dzięki Mszy Świętej? Jednym z największych dóbr, jakie otrzymujemy, jest z pewnością przywilej, że zarówno jako jednostka, jak i zgromadzona wspólnota parafialna, możemy spędzać czas z Bogiem i w Bogu: że możemy Mu dziękować za dobra, które nam daje, że możemy Go chwalić i uwielbiać, że możemy modlić się do Niego w intencjach swoich i innych modlić Go, że możemy słuchać Jego słowa pouczenia, zachęty, wskazówek, pocieszenia, upomnienia... A przede wszystkim - że możemy uczestniczyć w Jego męce aktywnie i owocnie, poświęcając ją Ojcu w intencji odkupienia własnego i odkupienia innych.

Poniżej znajduje się lista intencji, z którymi osobiście najczęściej spotykam się, ofiarując Mszę dla siebie i dla innych.

(*LG* 3; *EE* 11; *EE* 12; *KKK* 1382; *Iz* 53, 1; 4-6)

Wybawienie z czyśćca

Prawie każda Msza Święta, której nie odprawia się zgodnie ze szczególnym wzorem, ofiaruje się w intencji uwolnienia kogoś z czyśćca. Duszom, które idą do czyśćca zostało zasądzone niebo, ale przed wejściem do niego powinny odprawić zadośćuczynienie za grzechy nieodkupione, to znaczy za grzechy, za które wystarczająco nie pokutowały i nie otrzymały całkowitego przebaczenia. Poprzez zadośćuczynienie dusze te doskonalą swoją miłość do Boga i człowieka. Do nieba nie może wejść nikt, kto nie jest doskonały w miłości.

Każdy z nas w ciągu swojego życia grzeszy: myślą, słowem, złymi uczynkami i unikaniem czynienia dobra. Za niektóre grzechy odprawiliśmy perfekcyną pokutę i z nimi nie będziemy mieć żadnego problemu w czasie sądu. W przypadku niektórych grzechów wiemy, że je popełniliśmy, wyznaliśmy je i poprosiliśmy o przebaczenie, ale w sercu nie odprawiliśmy pokuty tak, jak powinniśmy byli. Niektóre grzechy próbujemy usprawiedliwiać nawet sami. Niektórymi grzechami raniliśmy innych, ale nie mieliśmy ani wystarczająco woli, ani wiary, aby zrekompensować tę szkodę. Grzeszymy także z powodu niewiedzy, ponieważ nie poświęcamy wystarczająco dużo wysiłku, by poznać Boga i Jego święte słowo; ponieważ nie staramy się poznać Jego przykazań w ich prawdziwej istocie - miłości do Boga, siebie i bliźniego, a nawet do wrogów. Tylko wtedy, kiedy poznamy prawdziwą istotę jakiegoś grzechu, możemy odprawić pokutę w sposób doskonały. Podobnie Bóg wybacza nam w sposób, w jaki my wybaczamy tym, którzy zgrzeszyli przeciwko nam (*Mt* 18, 23-35). Wiele dusz idzie do czyśćca właśnie dlatego, że nie wybaczało wystarczająco dużo, chociaż same bardzo chciały, by im przebaczono.

Źródło grzechu najczęściej tkwi w tym, że nie mamy, lub nie wykazujemy wystarczająco silnej woli, aby ustanowić osobistą, intymną relację z Bogiem w naszym ziemskim życiu. Tylko dzięki takiej relacji możemy Go poznać sercem i kochać Go owocnie. Tylko dzięki tej miłości możemy owocnie kochać siebie i innych.

Bóg jest tak miłosierny w swojej miłości do nas, że obiecał nam, że nikt, kto woła do Niego w chwili śmierci, nie zostanie skazany na piekło (*Rz* 10, 13; *Dz* 2, 21). Jednak wielu będzie musiało spędzić dużo czasu cierpiąc w czyśćcu. Dusze w czyśćcu nie mogą modlić się za siebie, ale Bóg jest tak miłosierny, że dał nami możliwość modlitwy za nich, a najskuteczniej możemy to uczynić ofiarując Ofiarę eucharystyczną.

(*KKK* 1030-1032; *KKK* 1472).

Za zbawienie konających

Wierzę, że umierający bardzo potrzebują Bożego miłosierdzia, a szczególnie ci, którzy umierają z jakiegokolwiek powodu nie doczekawszy późnej starości. Strach przed śmiercią, ból i rozczarowanie na myśl, że muszą odejść przedwcześnie, strach przed rodziną, poczucie odrzucenia i bezradności, ból i niedogodności związane z chorobą - to tylko niektóre z wyzwań, przed którymi stoi konający człowiek. Wielu z nich nie jest w stanie łaski, nie żyje w osobistej, intymnej relacji z Panem. Słowo Boże mówi, że kto wezwie imienia Pańskiego, ten będzie zbawiony i nie trafi do piekła. (Rz 10, 13). Wielu konających ludzi, szczególnie tych, którzy w młodości doświadczyli wybranych łask – takich jak doświadczenie Pierwszej Komunii Świętej, doświadczenie pójścia na Mszę razem z rodzicami lub ministrantury podczas Mszy – są otwarci na przyjęcie łaski, ale potrzebują modlitewnej pomocy.

Rodzina umierającego często nie wzywa kapłana i nie mówi o Bogu i niebie, ponieważ boi się, że to mogłoby mu się nie spodobać. Wielu konających odczuwa wstyd przed wezwaniem księdza lub kogoś innego, by modlili się za nich i mówili im o Bogu. Niektórzy żywią do Boga żal z powodu sytuacji, w jakiej się znajdują, i nie chcą się z Nim wiązać. Są też tacy, którzy nie mają wystarczająco wiary w życie wieczne, a także ci, którzy myślą, że żyli sprawiedliwie i że nie potrzebują przebaczenia.

Zdarza się również, że rodzina pacjenta nie chce poprosić księdza o wizytę z powodu pewnego rodzaju ludzkich skrupułów. Ważniejsze jest dla nich to, co sąsiedzi i inni ludzie będą myśleć o nich (bo wezwali księdza), niż potrzeba Bożej łaski dla pacjenta. Również wielu wierzących nie rozumie istoty namaszczenia chorych i nie rozumie, że jest to sakrament, poprzez który pacjent przede wszystkim otrzymuje tak bardzo pożądany i niezbędny pokój Boży w sercu (poprzez sakrament Spowiedzi), otrzymuje wieczne zbawienie. Nie rozumieją, że jest to sakrament, poprzez który Pan może dźwignąć chorego i uzdrowić go z najcięższych chorób.

Bogu, w swoim miłosierdziu, mocno zależy na nawróceniu i zbawieniu każdego człowieka, ale z powodu swojej sprawiedliwości i bezstronności nie może nikomu narzucać swej łaski. Modlitwa za umierających jest jednym z największych uczynków miłosierdzia, do którego wszyscy jesteśmy powołani. Żadna pomoc, którą otrzymujemy przez całe życie, nie może równać się z pomocą, której potrzebujemy w momencie śmierci.

Starzec Symeon prorokował Maryi, naszej matce i matce Jezusa, że miecz przeniknie jej duszę, aby na jaw wyszły zamysły serc wielu (Łk 2, 35). W ten sposób przepowiedział jej łaskę, dzięki której wiele dusz w chwili śmierci, dzięki jej wstawiennictwu, pozna swoje życie takim, jakim naprawdę było, aby mogli szczerze pokutować i otrzymać przebaczenie, i zbawienie. Poznanie własnej grzeszności, pokuta i prośba o przebaczenie - przynajmniej tuż przed śmiercią - jest jedną z największych łask, która może być udziałem każdego. Nikt z nas nie jest w pełni świadomy tego, ile dobrego nie uczyniliśmy w osobistej relacji z Bogiem i bliźnim, najczęściej z powodu dumy, samolubstwa i egocentryzmu, których tak często nie zauważamy. Dlatego w każdej Zdrowaś Maryjo prosimy naszą matkę i matkę Jezusa, aby nieustannie modliła się za nas, grzeszników, szczególnie w chwili naszej śmierci, abyśmy poznali nasze grzechy, a jednocześnie Boże miłosierdzie. Musimy być świadomi, że Najświętsza Maryja Panna jest obecna i wstawia się za nami, kiedy ofiarujemy Mszę w intencji zbawienia konających, ponieważ właśnie o to prosiliśmy wiele razy: by modliła się za umierających grzeszników, za których wstawiamy się także my w godzinie naszej śmierci. Uświadommy sobie, że naprawdę zależy jej na życiu wiecznym każdej konającej osoby, i że konającemu w chwilach śmierci jest matką bardziej niż kiedykolwiek.

Każdy konający może, nawet w ostatnich godzinach swego życia, otrzymać możliwość czynienia uczynków miłych Bogu, i w ten sposób na życie wieczne zabrać ze sobą niezniszczalny skarb (*Mt* 6, 19-21). Jeśli Pan, poprzez nasze modlitwy, poprzez ofiarowanie Mszy lub poprzez nasze świadectwo, da mu łaskę aby *wyraził całym sercem*: *dziękczynienie Bogu* i bliźnim za wszelkie dobro, jakie otrzymał, *przebaczy* wszystkim, którzy go skrzywdzili w jakikolwiek sposób, oraz będzie *błogosławić i modlić się* za tych, którzy potrzebują zbawienia – wtedy zgromadzi sobie w niebie wielki skarb. Głęboka wdzięczność Bogu i naszym bliźnim, którzy nam dobrze czynili, szczere przebaczenie tym, którzy nas skrzywdzili, i żarliwa modlitwa za potrzebujących pomocy – to są owoce szczerego pojednania z Bogiem. Dlatego nie prośmy Boga tylko o pojednanie, ale prośmy Go, aby umierającemu udzielił łaski dziękczynienia, przebaczenia i błogosławienia bliźnim.

Nie tylko Bóg jest zainteresowany umierającymi ludźmi, ale również Diabeł jest nimi silnie zainteresowany. On, przez swoje sługi, stara się odwieść umierającego od prośby skierowanej do Boga o łaskę, oskarżyć go tak bardzo, jak to możliwe, i w chwili śmierci wzmocnić w nim poczucia odrzucenia. Diabeł próbuje również „wpompować" w umierającego dumę i przekonać go, że nie powinien upokarzać się przed nikim, i że nie powinien nikomu odkrywać swoich grzechów, a zwłaszcza nie „grzesznemu kapłanowi". Diabeł zrobi wszystko, aby zdobyć myśli i uczucia umierającego, i w ten sposób odwrócić go od zbawienia. Kiedy ofiaruję Msze za konających, staram się składać swoje własne ofiary Bogu, ponieważ wiem, że ofiary składane z czystej miłości do konających są najpotężniejszą bronią, dzięki której oddzielamy ich od Diabła.

Wiem, że ofiarowanie Mszy za konających jest Bogu bardzo miłe, wiem, że dzięki temu w wyjątkowy sposób współpracuję z Jego łaską, ale najbardziej motywuje mnie do tego głęboka, wewnętrzna potrzeba konającego. W głębi duszy wiem, że będę bardzo szczęśliwy w raju, gdy spotkam jednego z tych, którym przynajmniej trochę pomogłem się tam dostać. Z tego powodu opracowałem zbiór medytacji „Chcę, abyś żył" (książka i aplikacja mobilna), przeznaczone dla poważnie chorych i konających, aby przybliżyć ich do Boga i zbawienia.

Uzdrowienie z choroby

Izajasz pisze, że widział, w jaki sposób, dzięki swojej ofierze, Jezus uczynił dla chorych wiele dobrego:

- nosił nasze choroby (możemy to zrozumieć w ten sposób: podarował nam sens)

- zapłacił karę za nasze grzechy, w tym te, które mogły spowodować lub rozwinąć chorobę (nienawiść, rozgoryczenie, brak przebaczenia, użalanie się nad sobą, obwinianie się, nieumiarkowanie w jedzeniu i piciu, palenie, narkotyki, okultyzm...)

- uzdrowił nas swoimi ranami (*Iz* 53, 4-5)

Owoce odkupienia przez Jezusa mogą być różne i zawsze są błogosławieństwem dla chorego. Mogą to być:

- uzdrowienie

- poznanie sensu cierpienia

- akceptowanie zbawienia dzięki przebaczeniu grzechów, akceptowanie pójścia do nieba.

Mszał zawiera formułę Mszy dla chorych, w której do wyboru są dwie możliwości kolekty. W jednej modlimy się, aby

Bóg *uzdrowił* chorego i pozwolił mu powrócić do wcześniejszych obowiązków, w drugiej zaś, aby *pozwolił mu poznać sensu cierpienia*. Jeśli chodzi o uzdrowienie – wiemy, co ono oznacza, ale często nie rozumiemy istoty poznania sensu cierpienia. Mianowicie, możemy rozmawiać z pacjentem o wartości cierpienia zjednoczonego z cierpieniem Jezusa na krzyżu i na pewno zrozumie on swoim umysłem, w czym rzecz, ale samo zrozumienie nie przyniesie mu wewnętrznej akceptacji, nie przyniesie wewnętrznego spokoju. Akceptacja, wewnętrzna radość i spokój są owocami pełnego łaski poznania prawdziwej wartości ofiarowania własnych cierpień za nawrócenie grzeszników i za wszelką inną pomoc potrzebującym. Poznanie prawie zawsze jest związane z doświadzeniem. Bóg to poznanie oferuje również tym osobom, którzy cierpią z powodu choroby swoich bliźnich, ponieważ, w niektórych sytuacjach, na przykład, ojciec lub matka cierpią więcej niż samo chore dziecko.

Są pacjenci, co do których Bóg ma pewność, że byłoby dla nich lepiej umrzeć w stanie łaski niż uzdrowić. A zatem – po uzdrowieniu wróciliby oni do starego trybu życia i utraciliby zbawienie (najczęściej dlatego, że nie mają dobrych fundamentów wiary), i dlatego dobrze jest, aby Pan powołał ich do siebie w tym najlepszym momencie życia ich wiary.

Ofiarowanie Mszy w intencji uzdrowienia z choroby nieuchronnie prowadzi nas do refleksji o sensie i wartości życia ludzkiego, i w ten sposób również może nas doprowadzić do głębszego, osobistego nawrócenia i głębszej, intymnej więzi z Bogiem.

Ta głębsza relacja prowadzi nas również do zrozumienia naszej odpowiedzialności za utracone zdrowie (jeśli taka istnieje) i odpowiedzialności za możliwości, jakie są nam dane w momencie, gdy jesteśmy zdrowi. Jest to konieczne dla wzrastania w życiu duchowym, ale także, abyśmy mogli zachować zdrowie, jeśli otrzymamy je po wyzdrowieniu.

Ważne, aby pamiętać, że leczenie wielu chorób jest związane z koniecznością przyjmowania leków, które mogą znacząco wpłynąć na zdolność pacjenta do dobrej modlitwy za siebie. Dlatego modlitwa za chorych, szczególnie ofiarowanie Ofiary eucharystycznej za ich odkupienie, powinno być obecne w sercu każdego wierzącego.

Jeśli chodzi o stosunek do lekarzy i leczenia, obowiązują również te same zasady, które podano w rozdziale *Uwolnienie od lęków, obaw i niepokoju.*

Uzdrowienie z bólu duszy, z ran serca

Izajasz stwierdza, że Jezus wziął na siebie nasze boleści i cierpienia. Uważam, że dotyczy to przede wszystkim bólu psychicznego (takiego jak poczucie odrzucenia, winy, niższości, samotności, rozgoryczenia, niesprawiedliwości, odczucie, że jest się niechcianym...), ale także każdego innego bólu, w tym fizycznego.

Dzięki odkupieniu, które dokonuje się we Mszy, możemy poznać sens bólu, możemy uświadomić sobie naszą własną odpowiedzialność (konieczność pokuty i konieczność przebaczenia tym, którzy nas skrzywdzili), możemy uwolnić się od bólu. Ból psychiczny czasami wyczerpuje radość z życia i może mieć na nie bardzo negatywny wpływ; może znacząco wpłynąć na ogólny stan zdrowia, ale także na relacje w małżeństwie i rodzinie.

Ból psychiczny często powoduje, lub w znacznym stopniu przyczynia się do pojawienia się niepokoju, lęków, obaw i różnego rodzaju psychoz.

Podczas całej Mszy Świętej możemy przebywać w Bogu, w Jego pokoju, słuchać i przyjmować Jego święte słowa. Jezusowy pokój, którego świat nie zna i nie może dać, i Jego święte słowa, Jego łaska - wchodzą do naszej poranionej duszy niczym kroplówka, jak soki, które przenikają z krzewu winnego do latorośli i przynoszą życie. Tylko Bóg zna nas całkowicie i tylko On może uzdrowić, i uwolnić naszą duszę oraz dać jej głęboki, wewnętrzny spokój i radość. Dlatego dobre przygotowanie do Mszy jest bardzo ważne również wtedy, kiedy ofiaruje się ją w tej intencji.

Uwolnienie od grzesznego uzależnienia

Jeśli, pomimo wielokrotnego szczerego żalu w sercu, pokuty i spowiedzi, zawsze od nowa popadamy w ten sam grzech, istnieje możliwość, że grzech ten nas zniewolił. W takim przypadku potrzebujemy uwolnienia.

Dzięki odkupieniu otrzymujemy uwolnienie. Ofiarę eucharystyczną w intencji odkupienia i uwolnienia od wybranego grzechu możemy ofiarować za nas samych, ale także za innych, zwłaszcza za naszych bliźnich. W dzisiejszych czasach wielu ludzi łatwo popada w sidła zniewoleń takich jak: palenie, alkohol, nieumiarkowanie w jedzeniu i piciu, narkotyki, pornografia, pedofilia, homoseksualizm, zakłady sportowe i inne gry losowe; nadmierne kupowanie, plotkowanie, oszczerstwo i potępianie; przeklinanie; internet, telewizję, różne gry elektroniczne oraz inne uzależnienia i nałogi.

Problemy te często niszczą nasze zdrowie duchowe, psychiczne i fizyczne, niszczą małżeństwa i rodziny, i mogą nas doprowadzić do wiecznego potępienia. Źródło wielu takich problemów tkwi w trudnych sytuacjach życiowych, których doświadczyliśmy w naszej najwcześniejszej młodości, szczególnie w tych, w których czuliśmy się odrzuceni, niechciani, mniej wartościowi i / lub winni. Dlatego bardzo ważne jest dobre przygotowanie się do Mszy Świętej, która usposobi nasze serce, by otrzymało łaskę wewnętrznego uzdrowienia, przebaczenia i uwolnienia. Czasami w tej intencji będziemy musieli ofiarować Mszę więcej niż jeden raz (szczególnie, gdy źródłem problemu są głębokie rany duszy), świadomi, że Bóg stopniowo nas uzdrawia, wyzwala i wlewa w nas pokój.

(*KKK* 1363; *Rz* 6, 16-17; *Rz* 7, 14-25)

Nawrócenie grzeszników

Każdy człowiek potrzebuje nawrócenia: pierwszego, w którym wybierze Boga całym sercem, a drugiego, stałego, w którym dzięki łasce Bożej będzie dążył do tego, by stawać się coraz lepszym człowiekiem.

Kiedy modlimy się za to i ofiarujemy ofiarę Jezusa Ojcu, wtedy możemy być absolutnie pewni, że modlimy się o coś całkowicie zgodnego z wolą Bożą.

Bóg nie może zmusić nikogo do nawrócenia, ale tego, za którego my ofiarujemy Mszę może (poprzez nasze pośrednictwo) silnie przyciągnąć ku Sobie, ku swojej miłości. To „przyciąganie" w dużej mierze zależy od tego, jak bardzo zależy nam na ich nawróceniu, jak bardzo ich kochamy. Ta miłość rozpala się i zamienia w „przyciąganie" w chwilach modlitwy, kiedy ofiarujemy za te osoby Msze Święte, i kiedy z własnej wolnej woli ofiarujemy za nich niektóre nasze cierpienia.

Dzięki ofierze Jezusa, Bóg odkupia tych, za których ofiarujemy Mszę od wszystkiego co w sercu i umyśle oddzieliło ich od Niego, a poprzez modlitwę (która odbywa się w przygotowaniu do Eucharystii, ale także podczas całej Mszy Świętej) oraz poprzez nasze osobiste ofiary (post, wyrzeczenie z korzystania z portali społecznościowych lub czegoś innego, co lubimy...) wylewa swoją łaskę niezwykle obficie przyciąga ich do siebie. Im silniejsz i trwalsze jest owo „wylewanie łaski", tym większe są szanse, że osoba, za którą ofiarujemy ofiarę Jezusa, wybierze Boga.

Mszę za pierwsze nawrócenie będziemy ofiarować, dopóki nie doświadczymy, że zostaliśmy wysłuchani. Owoce czasami przychodzą natychmiast, czasem w określonym odstępie czasu, a czasem to pierwsze, główne nawrócenie następuje tuż przed śmiercią osoby, za którą ofiarujemy modlitwę. Bóg w swojej opatrzności, w swojej miłości, zna najlepszy moment i najlepszy sposób, w którym to się stanie.

Kiedy widzimy, że miało miejsce to pierwsze, fundamentalne nawrócenie, kontynuujmy swoją modlitwę, nadal ofiarujmy Ofiarę eucharystyczną i nasze własne ofiary za drugie, trwałe nawrócenie, zgodnie z tym, jak prowadzi nas Duch.

Jest to szczególnie ważne dla starszych rodziców, którzy w swojej starości mają wystarczającą wiedzę, aby zrozumieć, czego potrzebują ich dzieci, które w międzyczasie same stały się rodzicami.

Zdobywanie błogosławieństwa w życiowych powołaniach

Ofiarowanie Ofiary eucharystycznej pomaga również w realizacji życiowych powołań i specjalnych życiowych zadań. Czasami tylko jedna przeszkoda stoi nam na drodze wypełnienia naszego życiowego powołania, od której nie możemy sami się uwolnić. Dlatego tak ważne jest ofiarowanie Mszy Świętej za uwolnienie od wszystkiego, co uniemożliwia nam wypełnianie naszych życiowych powołań. Być dobrym kapłanem, zakonnikiem, zakonnicą, małżonkiem, ojcem, matką, synem, córką, przyjacielem; być dobrym człowiekiem w swoim powołaniu i profesji jest niemożliwe bez łaski Bożej. Tylko łaska może nas skutecznie uwolnić, wychowywać, zachęcać, podnosić, orientować, chronić, wzmacniać, leczyć...

Naprawienie szkody

Grzech jest niesprawiedliwością, która zawsze przynosi szkodę, zarówno nam, jak i naszym bliźnim. Na przykład, jeśli naraziliśmy kogoś na poważny uszczerbek finansowy, a następnie odpokutowaliśmy i postanowiliśmy naprawić szkodę, częściowo możemy to zrobić, kompensując pieniężną wartość szkody. Ale w jaki sposób naprawimy poszkodowanemu rozczarowanie, ból, żal i inne cierpienia psychiczne spowodowane przez nasze grzechy (kradzież, oszustwo, nieprawy zysk, zaniedbanie...)? Dobrą wiadomością jest to, że nie ma takiej krzywdy spowodowanej naszymi grzechami, której Bóg nie byłby w stanie odkupić, to znaczy, wynagrodzić w dobru temu, którego skrzywdziliśmy. Poprzez nasze szczere ofiarowanie Ofiary eucharystycznej w intencji uwolnienia ze skutków, jakie wyrządziliśmy komuś własnym grzechem, Bóg może wziąć na siebie ból, który wywołaliśmy sobie i innym. Bóg może obdarzyć nas łaską uzdrowienia serca, może udzielić łaski temu, którego zraniliśmy, aby znowu znalazł pokój w duszy; może obdarzyć nas łaską przywrócenia relacji wzajemnego zaufania i łaską przebaczenia w głębi duszy. Bóg może także wynagrodzić krzywdy tej osobie w „jakiejś innej walucie", to znaczy, może dać to, czego ta osoba potrzebuje jeszcze bardziej. O cokolwiek poprosimy z wiarą dla tych, których zraniliśmy grzechami, to im się spełni (*Mk* 11, 24; *J* 14, 13; *J* 15, 7; *J* 16, 23).

Czasami po spowiedzi nie znajdziemy pokoju dopóki, poprzez naszą pokutę, (to znaczy, poprzez modlitwę i ofiarowanie Ofiary eucharystycznej oraz własnych cierpień) nie osiągniemy łaski dla tego, którego zraniliśmy grzechem.

Byłoby dobrze, gdybyśmy po popełnieniu szczególnie poważnego grzechu, takiego jak aborcja, ofiarowali Ofiarę eucharystyczną za innych, którzy ulegają lub będą ulegać tej samej pokusie. W ten sposób pomożemy im ją pokonać lub, jeśli jej ulegli, znaleźć pokój w szczerej spowiedzi. Naprawienie szkody jest wyrazem prawdziwego żalu w sercu, wyrazem prawdziwej miłości do Boga i bliźniego, a często najlepszym rodzajem pokuty za popełnione grzechy. Naprawienie szkody wprowadza nas w rzeczywistość ciężaru grzechów, i w taki sposób chroni nas przed ich powtarzaniem.

Dobrze jest, by naprawienie szkody obejmowało też składanie własnych ofiar. Na przykład, w przypadku aborcji, możemy pomóc w edukacji dziecka w Afryce poprzez misję lub inny fundusz. Oczywiście, nasze ofiary powinny być dokonywane z czystej miłości i w możliwie największej tajemnicy. Powinnyśmy dać świadectwo o naszych ofiarach tylko wtedy, kiedy może to komuś pomóc w podjęciu decyzji o popełnieniu tego samego czynu lub czegoś podobnego.

Zdobywanie błogosławieństwa materialnego

Nasz niebiański Ojciec troszczy się o nas i chce, abyśmy zawsze i we wszystkim mieli wszystkiego wystarczająco, abyśmy żyli z godnością. Chce, abyśmy mieli nawet nadwyżkę dóbr materialnych i pieniężnych, abyśmy mogli dzielić się nimi z tymi, którzy są bardziej potrzebujący od nas (*2 Kor* 9, 8). Wierzący, który jest w osobistej relacji z Jezusem z Ewangelii, wie jakie są granice godności chrześcijańskiej w dysponowaniu dobrami materialnymi, wie, jak być mądrym w wydawaniu i rozdawaniu pieniędzy. Wie, że dobra, którymi dysponuje, nie są jego dobrami, lecz zostały mu powierzone przez Boga. Wie, że ich nie otrzymał, (bez względu na to, jak bardzo starał się je zdobyć) by je gromadzić i wydawać na własne zachcianki, ale by błogosławić nimi potrzebujących.

Owocem ofiarowania Eucharystii w intencji zadobywania błogosławieństwa materialnego jest także przemiana serca, która czyni nas godnymi zarządzania powierzonymi błogosławieństwami. Czasami ich nie otrzymujemy, jak pisze apostoł Jakub, ponieważ prosimy o nie, by zaspokoić własne żądze. (*Jk* 4,3).

Jednymi z najtrudniejszych do rozpoznania grzesznych pożądliwości są: pragnienie posiadania (dóbr ziemskich), pragnienie władzy, kontroli i potęgi.

Przyczyny długotrwałych i nierozwiązywalnych problemów materialnych i finansowych mogą leżeć w podjętych wcześniej decyzjach wewnętrznych i przysięgach, które złożyliśmy na naszą niekorzyść. Z własnego doświadczenia wiem bardzo dobrze, że jest to naprawdę możliwe. Być może we wczesnym dzieciństwie czuliśmy się poniżeni z powodu ubóstwa i w pewnym momencie na tyle rozczarowani, że głęboko w sobie zdecydowaliśmy, że nie chcemy posiadać niczego – z własnej woli zdecydowaliśmy, że chcemy być biedni, aby uniknąć dalszych rozczarowań.

Niektórzy zdeterminowali w ten sposób całe swoje życie i nie będą w stanie wejść w materialne lub finansowe błogosławieństwo, dopóki Jezus nie uwolni ich od skutków tej głębokiej, wewnętrznej decyzji. Niektórzy zdecydowali na przykład, że nigdy nie wyjdą za mąż, nigdy się nie ożenią, ani nie będą mieli dzieci. Już dawno o tym nie pamiętają, ale ich wewnętrzna decyzja jeszcze jest bardzo aktywna i uniemożliwia im osiągnięcie błogosławieństwa.

Niektórzy z kolei postanowili, że zrobią wszystko, aby pewnego dnia być bogatym i dlatego nie będą w stanie przestać gromadzić bogactw, dopóki łaska Boża ich nie uwolni.

Błogosławieństwu mogą przeszkadzać negatywne postawy i oczekiwania oraz negatywne słowa ludzi, którzy byli naszym autorytetem w dzieciństwie, takich jak nasi rodzice, nauczyciele, księża... Niestety niektórzy wciąż odczuwają w swoim wnętrzu skutki lekkomyślnie wypowiadanych przez innych słów: „Nigdy nie odniesiesz sukcesu w niczym! Już zawsze będziesz biedny! Jesteś całkowicie niezdolny do zapracowania na cokolwiek!"

Czasami jesteśmy po prostu zniewoleni przez lęk, poczucie winy i mniejszej wartości...

Jezus może i chce wyzwolić nas od tego wszystkiego. Powtarzam, chce, abyśmy mieli wszystkiego pod dostatkiem, i co więcej, chce, abyśmy dawali i pomogli ubogim, aby i oni żyli z godnością.

Zdobywanie błogosławieństwa w relacjach międzyludzkich

Osoba może zostać zniewolona także na inne sposoby, na przykład w wyniku zerwanych relacji międzyludzkich w małżeństwie, rodzinie, pracy... Wiele okoliczności może doprowadzić do tego, że dwie lub więcej osób przestanie ze sobą rozmawiać, nie rozumieją się i nie akceptują, czują się odrzuceni, nawzajem się potępiają, a nawet nienawidzą, żyją w obustronnym strachu... Osobiście uważam, że w takich przypadkach odkupienie najczęściej manifestuje się jako proces przebywania w odkupicielskiej miłości Boga. Przebywanie w Bogu, w łasce Jego pokoju, leczy rany i pozwala nam wybaczyć innym, lepiej zrozumieć, dlaczego zachowujemy się w ten sposób, modlić się z wiarą serca, przyjąć i kochać naszego bliźniego takim, jakim jest, doświadczyć Bożej opieki. Przebywanie w Bogu również pozwala nam rozpoznać relacje, które robią nam krzywdę i od których musimy się uwolnić. Czasami jesteśmy tak przywiązani do jakiejś osoby lub jakaś osoba jest tak przywiązana do nas, że musimy szukać uwolnienia z tego szkodliwego związku.

Siła duchowa

Na początku Mszy Świętej, w akcie pokuty, wyznajemy nasze grzechy i grzeszne skłonności, z którymi walczymy z trudem, a czasem bez powodzenia. Wyznajemy również nasze słabości: czynimy za mało dobra, rzadko składamy nasze ofiary, spędzamy zbyt mało czasu z Bogiem i w Bogu. Wyznajemy, że nasza miłość do bliźnich jest daleka od miłości, którą chcielibyśmy mieć i wyrażać. Wyznajemy, że potrzebujemy mądrości Bożej, abyśmy mogli podejmować dobre decyzje. Dlatego przychodzimy na Mszę, abyśmy otrzymali łaskę, otrzymali siłę duchową, abyśmy mogli przeciwstawić się złu i decydować się na dobro. Przystępujemy Eucharystii, abyśmy weszli w Boga, aby Jego Słowo do nas przeniknęło i pozostało w nas, abyśmy mogli pozostać w Nim jeszcze przez długi czas po zakończeniu Mszy. Przychodzimy, aby łaska Jezusa uwolniła nas od wpływu ciała i świata.

Uwolnienie i ochrona przed demonicznymi wpływami

Wiemy, że są ludzie angażujący się w różne praktyki okultystyczne, które szkodzą innym. Osoby te nie mogą zranić tych, którzy zbudowali osobistą, intymną relację z Bogiem, i którzy są przyzwyczajeni do walki duchowej (*Ef* 6, 10-20). Pewne jest, że praktyki okultystyczne mogą szkodzić na różne sposoby, ale największe problemy mogą wystąpić wtedy, gdy pomocy szuka się w niewłaściwym miejscu (pomoc od wróżki). Wówczas niemal zawsze dowiemy się kto jest rzekomym winowajcą problemów, a w rezultacie dzieje się to, co rzeczywiście chce osiągnąć Diabeł: potępienie, rozgoryczenie, a nawet nienawiść do tej osoby; w ten sposób dochodzi do niszczenia naszej duszy.

Kiedy ofiarujemy Msze Święte w intencji odkupienia i uwolnienia od wpływów demonicznych ważne, aby wiedzieć, że w tym procesie konieczne jest: prawdziwe przebaczenie tym, którzy zgrzeszyli lub grzeszą przeciwko nam, błogosławić i modlić się za nich, a nie próbować dowiedzieć się, kim oni są, jeśli naprawdę nie jesteśmy gotowi pokochać naszych wrogów. Równie istotne jest, aby zrozumieć, że istnieje możliwość, że zostaliśmy zranieni, ponieważ nie mieliśmy wystarczająco dobrej osobistej, intymnej relacji z Bogiem. Ważne, abyśmy odprawili w tej intencji pokutę i zdecydowali, że zaczniemy wiązać się z Bogiem mocniej. Jeśli bowiem takiej relacji nie zbudujemy, to nie będziemy w stanie zachować na długo wolności, którą otrzymamy dzięki odkupieniu, lub w ogóle jej nie osiągniemy.

Ważne, aby dobrze przygotować się do ofiarowania Mszy. Bez tego nie otrzymamy, czego szukamy.

Wzrastać w darach
i owocach ducha świętego

Dzięki złożeniu Ofiary eucharystycznej w intencji własnej i innych, dzięki intensywnemu przebywaniu w łasce Bożej, Bóg czyni nas nowymi ludźmi, coraz bardziej podobnymi do Niego. Dlatego zdobywanie dóbr duchowych obejmuje wzrastanie (doskonalenie) w owocach Ducha: miłości, radości, pokoju, wielkoduszności, uprzejmości, dobroci, wierności, łagodności, opanowaniu, cichości, hojności... (*Ga* 5, 22). To ciągłe wzrastanie w owocach Ducha, ta ciągła przemiana serca, to nieustanne nawracanie i poświęcenie, powinny być jednym z najsilniejszych motywów czynnego i owocnego uczestnictwa we Mszy Świętej. Pan bardzo się cieszy z głębokiej przemiany serca, jak również wszyscy, z którymi na co dzień żyjemy, ale najbardziej powinniśmy się cieszyć my sami.

Msza Święta i Słowo Boże

Oprócz w ciele i krwi, Jezus podczas Mszy Świętej przychodzi do nas także jako wcielone słowo Boże. Wszyscy wiemy, jak istotne jest dla nas usłyszeć od ludzi, którzy są dla nas ważni, słowa wsparcia, pocieszenia, zachęty, ostrzeżenia; słowa szacunku, miłości, uznania, pochwały, rady... Kto nie chciałby usłyszeć takich słów od Boga, zwłaszcza wtedy, gdy znajdujemy się w trudnej sytuacji życiowej?

Słowo Boże jest czasem naszym jedynym lekarstwem i pociechą. W wielu sytuacjach życiowych tylko ono może przynieść nam nadzieję, pokój i uzdrowienie (*Ps* 107, 20), tylko ono może nam pomóc w podjęciu właściwej decyzji. Przez Słowo Boże wszystko jest stworzone i to samo Słowo może w nas tworzyć, odnawiać, leczyć, wyzwalać...

Słowo Boże (*Biblia, Pismo Święte*) ma doniosłe znaczenie w celebracji eucharystycznej. Z niego bowiem wyjęte są czytania, które wyjaśnia się w homilii, oraz psalmy przeznaczone do śpiewu; nim są przeniknięte i z niego czerpią swe natchnienie prośby, modlitwy i pieśni liturgiczne; w nim też trzeba szukać znaczenia czynności i znaków (*KKK* 1100).

Jezus jest wcielonym Słowem Bożym i dlatego, kiedy otrzymujemy Słowo, otrzymujemy Niego (*J* 1, 1-15), kiedy poznajemy Słowo, poznajemy serce Jezusa (*KKK* 112). Właśnie dlatego Słowo wypisane głęboko w sercu może czynić nadnaturalne rzeczy na duchu, w duszy i ciele.

Podczas Mszy Świętej Bóg przemawia do naszego rozumu, ale także do wewnętrznego człowieka w nas.

Ważne jest, abyśmy przystępowali do Eucharystii z nastawieniem, że każdy z nas jest ważny dla Boga, że On widzi każdą naszą potrzebę i chce rozmawiać z każdym osobiście. Chciałbym powtórzyć następującą rzecz: Bóg stworzył wszystkich ludzi, aby żyli wiecznie. Umieścił nas w tym świecie, abyśmy w trakcie tego krótkiego, ziemskiego życia determinowali na nasz wieczny los i dlatego każda chwila naszego życia jest dla Niego ważna. Dlatego jest gotów interweniować w każdej sytuacji, do której chcemy go wezwać, i jest gotowy rozmawiać z nami osobiście.

Czy może nas pocieszyć, zachęcić, ostrzec, nauczyć nas, kierować nami... jeśli do nas nie przemówi?

Podczas każdej Mszy Świętej Siewca (Bóg) sieje Swoje Słowo, aby przyniosło ono w naszym życiu plon wielokrotny (*KKK* 1101). Dlatego dobrze jest wypisać sobie przypowieść o siewcy w umyśle i sercu.

Przypowieść o siewcy
Gdy zebrał się wielki tłum i z miast przychodzili do Niego, rzekł w przypowieściach: «Siewca wyszedł siać ziarno. A gdy siał, jedno padło na drogę i zostało podeptane, a ptaki powietrzne wydziobały je. Inne padło na skałę i gdy wzeszło, uschło, bo nie miało wilgoci. Inne zno-

wu padło między ciernie, a ciernie razem z nim wyrosły i zagłuszyły je. Inne w końcu padło na ziemię żyzną i gdy wzrosło, wydało plon stokrotny». Przy tych słowach wołał: «Kto ma uszy do słuchania, niechaj słucha!»

»Takie jest znaczenie przypowieści: Ziarnem jest słowo Boże. Tymi na drodze są ci, którzy słuchają słowa; potem przychodzi diabeł i zabiera słowo z ich serca, żeby nie uwierzyli i nie byli zbawieni. Na skałę pada u tych, którzy, gdy usłyszą, z radością przyjmują słowo, lecz nie mają korzenia: wierzą do czasu, a w chwili pokusy odstępują. To, co padło między ciernie, oznacza tych, którzy słuchają słowa, lecz potem odchodzą i przez troski, bogactwa i przyjemności życia bywają zagłuszeni i nie wydają owocu. W końcu ziarno w żyznej ziemi oznacza tych, którzy wysłuchawszy słowa sercem szlachetnym i dobrym, zatrzymują je i wydają owoc przez swą wytrwałość.«

Łk 8, 4 -8; 11-15 (Mt 13, 1-9; Mk 4, 1-9)

Wiele razy usłyszeliśmy słowa, które *przyjęliśmy z radością*, które dotknęły nas w szczególny sposób; słowa, o których zaczęliśmy rozmyślać, które pobudziły naszą wyobraźnię, wolę i uczucia (*KKK* 2708). Wiele z tych słów skłoniło nas do współpracy z łaską w szczególny sposób, tak, aby uzyskać korzyść doczesną lub/i wieczną. Zbyt często jednak nie udało nam się *wytrwać*, nie udało nam się *zachować* Słowa, *zatrzymać* Słowa w naszych sercach i w rezultacie nie wydaliśmy owocu.

Bóg pragnie przemówić do nas osobiście, ponieważ wie, jak bardzo potrzebujemy Jego słów, jak wielką mają moc, kiedy zamieszkają i pozostaną w sercu. Jezus bardzo chce, byśmy Go kochali, byśmy nauczyli się przyjmować Jego Słowo i zachowywać je w naszych sercach, byśmy nauczyli się żyć Słowem (*J* 14, 23-24; *Mt* 4, 4). Słowo Boże zachowane w sercu otwiera przestrzeń dla działania Ducha Świętego - rozwija w nas Jego owoce i dary, dzięki którym stajemy się błogosławieństwem dla siebie i innych.

Nie ma takiej sytuacji życiowej, której wszechmogące Słowo Boże nie mogłoby przemienić w błogosławieństwo.

Podczas każdej Mszy Świętej słyszymy wiele świętych słów zaczerpniętych z *Pisma Świętego* lub zainspirowanych nimi. Każde z tych słów może stać się naprawdę szczególnym błogosławieństwem dla każdego, kto je *usłyszy w sercu i zachowa*.

Jeśli chcemy usłyszeć, czyli rozpoznać słowa, na które Bóg chce nam zwrócić szczególną uwagę, którymi chce nas dotknąć w szczególny sposób, nie oczekujmy zmysłowych, emocjonalnych lub jakichkolwiek innych przejawów głośnej, mocnej mowy, chociaż i to może się zdarzyć. Nauczmy się słuchać w pokoju i ciszy serca, w pełni skoncentrowani na słowach, których słuchamy, lub które wypowiadamy. Niech nasze wnętrze będzie niczym spokojna tafla wody, na której z łatwością możemy zauważyć ślady nawet najmniejszego dotyku. Tak jak jakość rośliny nie zależy od intensywności, z jaką jej nasiona spadły na ziemię podczas siewu, tak znaczenie słów Boga nie powinno być porównywane z intensywnością, z jaką ich doświadczyliśmy. Przekonałem się, że słowa, które są ledwo słyszalne w naszym wnętrzu, mogą czasami mieć większe znaczenie niż słowa, które wybrzmiały z większą intensywnością.

Powinniśmy żyć ze słowa, które wychodzi z ust Boga, powinniśmy tęsknić za słowami skierowanymi do nas osobiście, ale nie z napiętym oczekiwaniem, a le ze spokojnym oddaniem się, z ufnością, że Bóg przemówi do nas we właściwym czasie i we właściwy sposób. Jednym z niezbędnych elementów przygotowania się do Mszy Świętej jest wejście w obecność Boga. W niej możemy osiągnąć ciszę serca, uspokoić nasze emocje (pozytywne lub negatywne) i skupić uwagę na to, co dzieje się podczas liturgii, czyli na słowa, czynności i znaki (*KKK* 1098; *SC* 11) - na to tym, kogo spotykamy w liturgii, czyli w którego wchodzimy, na Boga.

Gdy skierujemy naszą uwagę na Boga, nasze uczucia, myśli i pragnienia wchodzą w pokój, w którym możemy *spożywać Słowo*.

Jak Bóg osobiście do nas przemawia? Oto kilka sposobów.

Słowo rozbrzmiewa
w sercu

Duch Święty sprawia, że niektórych słów słuchamy „inaczej", i w ten sposób one szczególnie zwracają naszą uwagę; sprawia, że możemy „rozeznawać je od pozostałych" (*KKK* 2706). Rozpoznajemy je po tym, że pobudzają myśl, wyobraźnię, uczucie i pragnienie (*KKK* 2708).

W podobny sposób Bóg błogosławi nas przez rodziców lub ludzi, którzy są dla nas ważni. Chociaż wiele razy słyszeliśmy od nich te same słowa zachęty, pocieszenia lub wypowiadanego w dobrej wierze ostrzeżenia (podobnie jak większość słów podczas Mszy Świętej słuchamy cały czas od nowa), w konkretnych momentach usłyszeliśmy je *w inny sposób* i odtąd stały się one częścią nas. Możemy z nich przez całe życie czerpać błogosławieństwa. Te słowa różniły się tym, że w bardzo konkretnej sytuacji, w bardzo konkretnym momencie, zachęcały nas do rozmyślania, wyobrażania sobie dobra, o którym mówiły. Pobudziły w nas pewne uczucia i zachęciły nas, abyśmy skierowali nasze życie w ich kierunku (*KKK* 2708).

Niestety usłyszeliśmy również słowa negatywne, które, jeśli potraktowaliśmy je w ten sam sposób, wyrządziły nam wiele szkody.

Kiedyś znalazłem się w sytuacji biznesowej, która potencjalnie mogła mieć dla mnie negatywne skutki. Poszedłem na poranną Mszę, oddałem tę sytuację Panu i ze skupionym sercem słuchałem w pokoju, czekając aż Pan do mnie przemówi. Czekałem na potwierdzenie przyjęcia przez Pana mojej modlitwy. Ale wszystkie słowa w moim sercu rozbrzmiewały jednakowo. Wszystko zmieniło się pod koniec Eucharystii, kiedy to ostatnie słowa kapłana dotknęły mnie całkowicie nieoczekiwanie: „Idźcie w pokoju Chrystusa!". W tym momencie wiedziałem, że Bóg mnie usłyszał i że wszystko będzie dobrze. Podziękowałem mu i tak było.

Niedawno „utknąłem" podczas poprawiania niektórych części tej książki i nie wiedziałem, jak to zakończyć. Następnie, na porannej Mszy rozbrzmiała mi w uszach *modlitwa nad darami: „Panie, nasz Boże, spraw, abyśmy zawsze składali Tobie dziękczynienie przez sprawowanie paschalnej Ofiary, niech nieustanne działanie łaski odkupienia stanie się dla nas źródłem wiecznej radości. Przez Chrystusa."* W tym momencie wiedziałem, że będę kontynuować pisanie bez żadnych problemów. Kiedy wróciłem do domu po Mszy i usiadłem przy komputerze, tak też i było.

Podczas Mszy Świętej *w szczególny sposób* słyszę także słowa, które dają mi odpowiedzi na pytania, które zawsze mam w sercu. Pytania, które wynikają z moich rozmyślań o Bogu i życiu, są dla mnie dodatkowym motywem do słuchania Bożych *odpowiedzi*. Słowa, które słyszę, często zachęcają mnie do zadawania pytań, o których do tej pory nie myślałem, i otwierają mnie na nowy wymiar relacji z Bogiem.

Podczas Mszy Świętej w taki sposób doświadczam także słów, które mnie ostrzegają, podnoszą mnie na duchu, pocieszają, nadają mi kierunek...

Pan prowadził mnie przez wiele Mszy także w trakcie pisania tej książki.

Kapłan jest natchniony przez boga

Wielu wierzących może zaświadczyć, że ksiądz podczas Mszy Świętej mówił dokładnie to, co pragnęli usłyszeć w swojej obecnej sytuacji życiowej, i to w sposób, który mogli zrozumieć i zaakceptować. Niejednokrotnie wielu z nas odczuło, że słowa, które nas dotknęły, kapłan wypowiedział inaczej, że w jakiś sposób szczególnie je podkreślił. Bóg chciał, aby jego słowa pobudziły w ten sposób nasze serca.

Wiele razy doświadczyłem, że coś, o czym kapłan mówił podczas kazania, umocniło mnie w wierze; wiele razy nauczyłem się czegoś nowego o Bogu i Kościele. Często po Mszy czułem się zachęcony do dalszego rozmyślania nad tematem, który ksiądz tylko otworzył podczas kazania, lub o którym tylko wspomniał.

Od dzieciństwa uważnie słucham homilii, więc do tej pory wiele się nauczyłem. Zawsze cieszę się, kiedy to, co już zdobyłem mogę zastosować w życiu codziennym. Dzięki temu, że wielu kapłanów poświęca się z miłością i przekazuje swoją wiedzę i doświadczenie swoim wiernym, wielu świeckich jest bardzo dobrze przygotowanych do nauczania i kierowania osobami posiadającymi mniejszą wiedzę i mniejsze doświadczenie religijne.

Bóg przemawia do nas bezpośrednio

Bóg przemawia przez swego Ducha i Jego słowa wypowiedziane tylko do nas, możemy wyraźnie usłyszeć w sercu. Zdarza się to rzadko i dlatego takie słowa najlepiej zapamiętujemy, najczęściej rozmyślamy o nich oraz prawie nigdy ich nie zapominamy.

Na samym początku mojej posługi w ewangelizacji znalazłem się w trudnej sytuacji. Wtedy Bóg wyraźnie przemówił do mnie poprzez słowa, o których wiedziałem, że są zapisane gdzieś w *Biblii*. Były to słowa z *Apokalipsy*:

Znam twoje czyny. Oto postawiłem jako dar przed tobą drzwi otwarte, których nikt nie może zamknąć, bo ty chociaż moc masz znikomą, zachowałeś moje słowo i nie zaparłeś się mego imienia.
Ap 3, 8

Te święte słowa przyniosły plon wielokrotny w moim życiu. Wiele razy otworzyły mi w cudowny sposób drzwi, przynosząc mojemu sercu pokój i radość. Dlatego te słowa mają ciężar i zwracam na nie szczególną uwagę. Pod wieloma względami nakierowały mnie na drogę ku wieczności.

Kolejne wydarzenie przydarzyło się jednemu z moich przyjaciół, którego ukochana żona zmarła na raka. Po pogrzebie, całkowicie przygnębiony, przyszedł do kościoła na Mszę pogrzebową. Przygotowując się do Mszy, nagle usłyszał w swoim sercu słowa: „Przyjdźcie do Mnie wszyscy, którzy utrudzeni i obciążeni jesteście, a Ja was pokrzepię!". Spojrzał w kierunku ołtarza i zobaczył, że te same słowa są także zapisane na nim. To go w tej samej chwili napełniło głębokim spokojem i wewnętrzną radością. Ten pokój i radość jeszcze długo trwały w jego sercu. Całym swoim jestestwem poczuł, że jego żona jest w raju, ponieważ Bóg pozwolił mu skosztować tylko części tego raju.

Bóg wszczepia w nas poznanie

Czasami Bóg podczas Mszy Świętej *wszczepia* w nas jakiś rodzaj poznania, a my nie do końca jesteśmy tego świadomi.

Uświadamiamy to sobie dopiero po zakończeniu Mszy.

Zdarza mi się, że po zakończeniu Eucharystii silnie odczuwam w sercu, że pewna intencja zostanie usłyszana, mimo że nie otrzymałem żadnego znaku na Mszy, niczego nie słyszałem, ani nie doświadczyłem w szczególny sposób.

Czasami po prostu *wiemy*, że tego dnia lub niedługo otrzymamy błogosławieństwo. Zdarza się, że po zakończeniu Mszy mamy motywację do zrobienia czegoś bardzo konkretnego, na przykład chcemy kogoś odwiedzić, pomodlić się lub pościć specjalnie w czyjejś intencji albo udać się w konkretne miejsce. Albo po prostu wiemy, że nie powinniśmy czegoś zrobić, że powinniśmy czegoś unikać, że powinniśmy odprawić pokutę za coś...

Jest to owoc eucharystycznej obecności Jezusa w nas. Również w ten sposób Jezus Eucharystyczny przemawia do wewnętrznego człowieka w nas.

Bóg nam przypomina

Duch Święty przemawia do nas także w konkretny sposób podczas Mszy, np. przypominając nam pewne osoby lub życiowe sytuacje. W ten sposób przychodzą nam na myśl ludzie, za których w tej Mszy w ogóle nie zamierzaliśmy się modlić. Niektórych nie widzieliśmy już od lat, ani o nich nie myśleliśmy. Czasami są to ci ludzie, których znamy tylko z widzenia, których imion nawet nie znamy.

Duch Święty bardzo często przypomina mi o zmarłych osobach. Modląc się za dusze w czyśćcu i ofiarując za nich Msze, wyraźnie odczuwam, że wzrastam w miłości do Boga i ludzi. Wierzę, że to „wzrastanie w miłości" jest ich modlitewną odpowiedzią na moją troskę wobec nich. Bo któż może lepiej od dusz czyśćcowych wiedzieć, czego najbardziej potrzebujemy w tym ziemskim życiu?

Często, szczególnie podczas ofiarowania darów, w myślach *pojawiają się* nam ludzie konający lub ludzie znajdujący się w trudnych sytuacjach życiowych, a także ci, którzy odeszli od Boga i Kościoła. Powinniśmy zawsze być świadomi tego, że Bóg ma zaufanie do naszych modlitw. Gdyby go bowiem nie miał, nie inspirowałby nas do modlenia się za konkretne osoby.

Bóg przypomina nam o pewnych ludziach i sytuacjach po to, by zachęcić nas, abyśmy, myśląc o nich, doszli do czegoś, o czym rzeczywiście chce nam powiedzieć. Często te *przypomnienia* stanowią tylko bodziec - poruszają myśl, wyobraźnię, uczucia i pragnienia w kierunku, w którym Duch chce nas prowadzić.

Bóg przypomina nam także o grzechach, za które nie odprawiliśmy pokuty, o ludziach, którym nie wybaczyliśmy, którym mamy coś za złe, o obietnicach i ślubach, których nie wypełniliśmy... Oczywiście, podstawowym warunkiem koniecznym do usłyszenia takich słów jest nasza szczera chęć dowiedzenia się tego, jakie przesłanie ze sobą niosą – dla własnego i cudzego dobra.

Przypomnienia te, jeśli pochodzą od Ducha Świętego, nie utrudniają nam w żaden sposób przeżywania Mszy Świętej, ale wprowadzają nas jeszcze głębiej w obecność Boga.

Bóg przemawia do nas przez wizje

Wizje mogą pomóc w czynnym i owocnym uczestnictwie we Mszy Świętej.

Pewne małżeństwo, a zarazem moi dobrzy przyjaciele, uczestniczyli we Mszy, podczas której ich syn otrzymywał sakrament bierzmowania. Podczas ofiarowania darów matka bierzmowanego nagle zobaczyła w wizji Jezusa, który powoli podchodził do niej z młodym mężczyzną nieco starszym od syna, który przystąpił do sakramentu. Jezus i młody człowiek uśmiechnęli się do niej. Młody mężczyzna wyglądał bardzo znajomo, ale nie mogła sobie przypomnieć, skąd go zna. Kiedy przybliżyli się do niej jeszcze bardziej, młody człowiek powiedział do niej: „Mamo!". W tym momencie wizja zniknęła, a kobieta rozpoznała w swoim sercu swojego pierwszego syna, którego straciła w wyniku poronienia, i którego do tej pory nie odżałowała. Kiedy powiedziała mężowi, co się stało, oboje byli poruszeni i po cichu zapłakali. Podczas tej Mszy Świętej Bóg w cudowny sposób uleczył ich głęboką ranę.

Doświadczenie wizji w trakcie Mszy może w rzeczywistości trwać tylko ułamek sekundy, a jednak możemy w niej szczegółowo zobaczyć nawet całe nasze życie. W Bożych wizjach nie ma ograniczeń pod względem przestrzeni i czasu. Jeśli przychodzą podczas liturgii, nie przeszkadzają w jej przeżywaniu, lecz przeciwnie, wprowadzają nas głębiej w tajemnicę Eucharystii.

Pamiętam, że jako chłopiec podczas Mszy Świętej miałem wizje aniołów i świętych. Nie zwracałem na to szczególnej uwagi, ponieważ myślałem, że inni też ich widzą. Mogę z całą pewnością powiedzieć, że to, co obserwowałem z otwartymi oczami, nie było w żadnym wypadku owocem sugestii lub wyobraźni, ponieważ wtedy ani tego specjalnie nie chciałem, ani się takich wizji nie spodziewałem.

Niedawno zdałem sobie sprawę, że w moim sercu potępiam niektóre osoby, że wspominam je zbyt często i że Jezus nie jest z tego powodu zadowolony. Ofiarowałem Mszę Świętą w intencji, by Pan mi wybaczył i dał nowe serce dla tych ludzi. W trakcie ofiarowania darów nagle, dzięki wizji, znalazłem się w niebie, i wówczas ujrzałem niektóre z tych osób na wyższej pozycji niż ja, z większą godnością niż moja - bliżej Boga. Oglądając to i przez wzgląd na nich poczułem głęboką radość. Nie było we mnie najmniejszej zawiści ani zazdrości. Wręcz przeciwnie, byłem raczej pełen radości i szacunku dla tych, którzy osiągnęli lepszą pozycję w wiecznym królestwie Bożym. W niebie wszyscy wiedzą, że ich życie wieczne zostało im zasądzone całkowicie sprawiedliwie i dlatego nikt nikomu nie zazdrości. Ta krótka wizja przyniosła mojemu duchowemu rozwojowi wiele korzyści i ostatecznie zmieniła moje podejście do tych ludzi. Podczas opisanej wizji wiedziałem, że jestem w niebie, ale tyle zostało mi o tym objawione, ile było potrzebne do usłyszenia mojej intencji mszalnej.

Wizji jesteśmy w stanie doświadczyć zarówno z otwartymi, jak i zamkniętymi oczami. Mogą być tak wyraźne, że mamy wrażenie, że jesteśmy w wymiarze, w którym nie możemy przebywać ani w świecie, ani w ciele. Ponadto, wizje mogą niekiedy być tak trudne do rozpoznania, że niektóre szczegóły widzimy jak za mgłą. To, co jest ważne w kontekście słuchania świętych słów, ważne jest też tutaj: intensywność wizji niekoniecznie musi być proporcjonalna do jej znaczenia.

Jak rozpoznać, że bóg do nas przemawia

Jak rozpoznać, że to, co *słyszymy* w jakikolwiek sposób, pochodzi od Boga, a nie od naszego ducha, a nawet Diabła? Istnieje kilka kryteriów, według których możemy rozpoznać, że odczuwamy coś, co ma swoje źródło w Bogu.

Jednym z podstawowych kryteriów jest to, że nie przeszkadza mi to w skupieniu – wręcz przeciwnie, jeszcze bardziej łączy mnie z Mszą.

Bardzo częstym kryterium jest podejrzliwość. Mianowicie, Słowo Boże często wprowadza do naszych serc pewną zmianę lub dostarcza informacje, których do tej pory nie mieliśmy. Całkiem normalnym jest, że nasza podświadomość na te zmiany lub informacje reaguje z podejrzliwością. W tym przypadku podejrzliwość jest jedynie ostrzeżeniem pochodzącym z naszej podświadomości, które sugeruje nam, że to, co usłyszeliśmy lub czego doświadczyliśmy, do tej pory w nas nie istniało lub różni się od już nam znanych informacji i doświadczeń. Dlatego kiedy myślimy, że Bóg do nas przemówił, dobrze jest poczekać kilka chwil i sprawdzić, czy zareagujemy z podejrzliwością. Jeśli tak, może to stanowić dodatkową pewność, że przeżywane doświadczenie lub otrzymane poznanie nie pochodzi z naszej podświadomości. Czasami wątpliwości są bardzo nachalne. Z własnego doświadczenia wiem, że pochodzą od demona, ponieważ Bóg nigdy nie jest nachalny; zachęca nas, ale nigdy się nie narzuca.

Bóg także nie powie nam czegoś, co nie jest zgodne z Jego słowem zapisanym w *Biblii*, nie potępi nas ani nie oskarży, ostrzeże nas, ale nie upokorzy, niczym nas nie skrzywdzi, ani do niczego nie zmusi.

Również, szczególnie ważne jest to, by wiedzieć, że Bóg gotowy jest powtarzać nam to samo więcej niż jeden raz, dopóki nie będziemy gotowi tego usłyszeć i zaakceptować.

Wyjątkowo bezpiecznym sposobem rozpoznawania źródeł są owoce słów, doznań i doświadczeń. Jeśli należą one do owoców Ducha wymienionych w *Liście do Efezjan*, a konkretniej, jeśli wywołały pozytywne zmiany w sercu, możemy być niemal całkowicie pewni, że przemówił do nas Bóg (*Ef* 5, 22).

Do odróżniania duchów używam jeszcze jednego „filtra". Jeśli po konkretnym duchowym doświadczeniu czuję się niczym bezużyteczny sługa lub jeśli nie skupiam się na tym, że zrobiłem coś dobrego, ale myślę o dobru, które się wydarzyło, to jestem niemal całkowicie pewien, że to doświadczenie pochodzi od Boga.

Umiejętność rozpoznawania i rozeznawania pogłębia się wraz z doświadczeniem. Bóg zna nasze zdolności duchowe, cieszy się, kiedy jesteśmy roztropni i kiedy wszystko dokładnie analizujemy. Będzie nam dlatego podawać konkretne słowa i doświadczenia, biorąc pod uwagę, że potrzebujemy więcej czasu i być może więcej zachęty, abyśmy coś poznali i zaakceptowali.

Boża mowa budzi w nas wdzięczność i zachęca do uwielbienia i błogosławienia Boga, oraz stwarza w nas tęsknotę za czytaniem i rozważaniem *Pisma Świętego*, tęsknotę za chęcią poznania Go osobiście i w sposób bardziej intymny, tęsknotę za spędzeniem z Nim możliwie najwięcej czasu sam na sam. Jeśli ktoś myśli, że Bóg do niego przemawia podczas Mszy lub modlitwy, a to doświadczenie nie zachęca go do czytania i rozważania Jego słowa w *Biblii*, szczególnie jeśli ma silną potrzebę przekazywania innym wiadomości, które rzekomo otrzymuje, wtedy możemy być niemal pewni, że Bóg nie przemawia do niego.

Jeśli cierpimy na zaburzenia lub choroby psychiczne, należy zachować pewną ostrożność. W tym przypadku nie należy zwracać uwagi na „nadzwyczajne" informacje, ponieważ podświadomość jest wówczas stosunkowo wrażliwa i wiele z tego, co widzimy lub słyszymy w nadzwyczajny sposób, nie pochodzi od Boga, ale od samej podświadomości.

Wniosek o Słowie na Mszy

Podczas Mszy Świętej poszczególne słowa (wzory mszalne, modlitwy, czytania) zmieniają się tak szybko, że nie pozostaje nam dużo czasu na rozmyślanie o nich i ich przeanalizowanie. Dlatego jeśli chcemy przeżywać je skutecznie, włączając w to rozum i serce, powinnyśmy je studiować i rozmyślać o nich przed Mszą Świętą. Studiując, poznamy ich znaczenie, a rozmyślając (medytując) o nich, poznamy ich istotę.

Studiowanie i rozmyślanie (medytacja) *Biblii* oraz formularzy mszalnych są standardową i niezbędną częścią przygotowania się do czynnego i owocnego uczestnictwa we Mszy Świętej. Studiowanie treści całej *Biblii* i całej Mszy, a następnie rozmyślanie o nich wymaga dużo czasu i wysiłku. Innymi słowy, proces ten trwa przez całe życie, a my nieustannie się doskonalimy i nigdy nie będziemy wystarczająco duchowo oświeceni, abyśmy mogli przestać te słowa studiować i rozważać.

Jak tylko jednak zaczniemy, możemy natychmiast doświadczyć owoców, które zachęcają nas, abyśmy kontynuowali i nie ustawali w swoich poszukiwaniach.

Mszę Świętą wypisujemy w naszym umyśle poprzez studiowanie, a w nasze serce poprzez rozmyślanie czyli medytację. To, co już raz przyjęliśmy dzięki rozumowi, możemy rozważać wciąż na nowo. To, co już raz zostało wypisane w naszych sercach dzięki rozmyślaniu, Duch Święty może ponownie obudzić, w szczególny sposób nas z tym połączyć - bez względu na szybkość i sposób wymawiania tych słów. Oczywiście, podpowiedzi Ducha Świętego są o wiele łatwiejsze do rozpoznania, jeśli między nami a Słowem pośredniczą kapłani, organiści i lektorzy, którzy prawidłowo Je wymawiają.

Wysiłek, który musimy podjąć, aby się przygotować, nie będzie stanowił dla nas problemu, jeśli na Mszę Świętą przychodzimy, aby spędzić czas z Bogiem i w Bogu, z intencją, aby to przebywanie z Nim napełniało nas wszelką łaską potrzebną do życia. Wielu jest tych, którzy wyraźnie odróżniają dzień przeżyty dzięki łasce zdobytej w porannej Mszy Świętej od dnia, który rozpoczęli nie znajdując najpierw pokoju w Bogu, i ufności, że On będzie z nimi.

Kościół zachęca nas do rozmyślania (medytacji) od najmłodszych lat, ponieważ bez tego nie uzyskamy oczekiwanego owocu. Oprócz tego, Kościół zachęca także kapłanów do troski o wiernych, aby ci nauczyli się wszelkiego rodzaju modlitw: rozmyślania (medytacji), modlitw wewnętrznych, modlitw liturgicznych, wstawienniczych, modlitw uwielbienia i dziękczynienia... W grupach modlitewnych, liturgicznych i biblijnych doświadczeni uczestnicy przekazują innym, mniej doświadczonym, wiedzę i miłość do modlitwy i Słowa, do Eucharystii i innych form pobożności. Uczestnictwo w spotkaniach takich grup jest bardzo przydatnym sposobem przygotowania się do czerpania ze źródła i szczytu naszej duchowości - do Eucharystii.

Kristofori (www.kristofori.hr) organizują *Szkołę modlitwy*, prowadzoną na terenie całej Chorwacji oraz w kilku innych krajach. *Szkoła* została zaprojektowana w formie kursu jako idea uczenia się przez całe życie. Spotkania odbywają się w grupach liczących od czterech do siedmiu uczestników, raz w tygodniu po dwie godziny. *Szkoła* (kurs) przekazuje uczestnikom umiejętności rozmyślania i rozważania tekstów biblijnych i liturgicznych, oraz modlitwy wewnętrznej i wstawienniczej, co powoduje, że kurs stanowi dobre przygotowanie do Mszy Świętej.

Przydatne uwagi o Mszy Świętej

Dziś możemy natrafić na wiele dobrych tekstów mówiących o porządku Mszy Świętej i tekstów modlitw związanych z Eucharystią: w modlitewnikach, na stronach internetowych parafii, na stronach poświęconych tematyce religijnej... Istnieje równie dużo doskonałych tekstów na temat kapłaństwa i roli kapłana we Mszy Świętej. Z tego powodu postanowiłem przedstawić tutaj uwagi ściśle związane z tematem książprzedki. Obserwacje te są owocem moich rozmyślań i doświadczeń oraz owocem rozważań liturgistów, których teksty i wykłady miałem okazję przeczytać lub wysłuchać.

Wymawianie i słuchanie tekstów mszalnych

Słowa, które wchodzą w skład Mszy Świętej nie są zbiorem formuł, które należy wypowiadać we właściwy sposób, aby wypełnić określoną formę lub obowiązek. Jeśli tekstów mszalnych nie wymawiamy ani nie słuchamy ze zrozumieniem, i jeśli całym sercem nie dotrzymujemy słów, których wymawiamy (jeśli nie jesteśmy szczerze zainteresowani), wtedy nasze uczestnictwo we Mszy nie jest nawet w przybliżeniu tak czynne i owocne, jak mogłoby być.

Wiele modlitw to tylko podstawa, w którą powinniśmy wbudować lub dołączyć: nasze własne myśli, pragnienia i postawy. Jeśli dobrze się przygotowaliśmy, to wymawiając konkretny tekst, po prostu przywołajmy sobie w myślach (przypomnijmy sobie, uświadommy sobie) tę część przygotowania, którą możemy połączyć z tym tekstem. Mianowicie, do modlitwy *Panie, miej miłosierdzie* możemy krótko, w naszych myślach dodać własną intencję mszalną, na przykład konkretną sytuację lub osobę, co do których chcemy, okazania przez Pana miłosierdzia. Podobnie, jeśli jesteśmy w pełni skupieni, Duch

Święty, podczas gdy wymawiamy każde z trzech wezwań *Panie, miej miłosierdzie*, może spowodować, że przyjdą nam na myśl wybrane osoby, o których w ogóle nie pomyśleliśmy podczas przygotowania się do Mszy. To „przywołanie na myśl" jest typowym sposobem, w jaki Duch Święty pomaga nam w modlitwie, szczególnie jeśli porzucimy własny egoizm i jeśli nam zależy, aby nasze uczestnictwo we Mszy Świętej przyniosło większe korzyści również innym, zwłaszcza tym, którzy nie będą w stanie nam się odwzajemnić.

Niezwykle skuteczne jest także rozmyślanie o częściach Mszy Świętej podczas zwykłego czasu przeznaczonego na modlitwę. Przydatne jest rozmyślanie o nich w taki sposób, że dodajemy nasze myśli i intencje do ich wezwań i formuł, oraz pozwalamy Duchowi Świętemu na przywołanie w myślach potrzeb innych ludzi. To „przywołanie intencji na myśl" bardzo pomaga nam rozwinąć osobistą, intymną relację z Duchem Świętym oraz uwolnić się od własnego samolubstwa i ograniczeń, które powodują, że modlimy się tylko za siebie i naszych bliźnich. Stąd istotne jest, byśmy zostali skupieni podczas całej Mszy, abyśmy mogli skierować pełną uwagę na każde słowo, które wypowiadamy lub słyszymy. Bardzo rzadko jesteśmy w stanie to osiągnąć i często napotykamy na niewytłumaczalne przeszkody. Zdarza się, że nasze myśli gdzieś wędrują właśnie podczas tej części Mszy, w której chcielibyśmy być najbardziej skupieni, na przykład podczas *Aktu pokuty*. Albo po minucie lub dwóch nie możemy sobie przypomnieć czegoś, co usłyszeliśmy i zrozumieliśmy, i co wydawało nam się istotnym elementem do dalszego rozmyślania. Może nam się również zdarzyć, że, wbrew naszej woli, bezpośrednio po zakończeniu Mszy nie możemy sobie przypomnieć czegoś, co chcieliśmy zapamiętać, by kontynuować rozmyślanie (medytację). Niekiedy zdarza mi się, że nie mogę przypomnieć sobie jednego z czytań mszalnych lub niektórych modlitw, takich jak kolekta lub modlitwa nad darami. Jest to dla mnie dodatkowa zachęta do podjęcia wysiłku przypomnienia sobie „zapomnianego", i jeszcze większego „umocnienia się w tej materii".

Rola kapłana

Kapłan reprezentuje samego Chrystusa. Ofiaruje Ojcu nasze modlitwy i błagania, ofiaruje Ofiarę eucharystyczną w intencji zgromadzenia parafialnego, wypowiada Chrystusowe słowa przeistoczenia, przez niego Bóg nas błogosławi i przemawia do nas.

Jak jest to pięknie i owocnie dla wierzących, gdy kapłan zakochany jest w liturgii, gdy żyje z Mszy Świętej. Jak jest pięknie i owocnie dla wierzących, gdy kapłan zakochany jest w Słowie Bożym, gdy umiejętnie rozmyśla o Słowie i kiedy Nim żyje. Jak jest pięknie i owocnie dla wierzących, gdy kapłan jest człowiekiem modlitwy, gdy dzięki niej nieustannie umacnia swoją osobistą, intymną relację z Bogiem i wstawia się za stado, które mu On powierzył.

Jakże jest pięknie, gdy kapłan *zaraźliwie* działa na rzecz swoich wierzących (w pozytywnym tego słowa znaczeniu); kiedy ma w sercu doświadczenie Mszy Świętej, bierze w niej udział i mówi o niej *w sposób zaraźliwy*. Jest to tak samo ważne dla Słowa Bożego, modlitwy, ofiary… Jeśli kapłan osobiście doświadczył Eucharystii, wówczas o Słowie, modlitwie, akceptowaniu i ofiarowaniu cierpienia mówi *w sposób zaraźliwy*.

Innymi słowy, *zaraza* powinna rozpocząć się od kapłana i rozprzestrzeniać się na wierzących, którzy przychodzą do kościoła, aby i oni mogli potem rozprzestrzeniać ją na innych ludzi dobrej woli. *Zaraza* (w pozytywnym tego słowa znaczeniu) to wyraz, którym najlepiej możemy opisać ewangelizację.

Kapłani w pierwszym rzędzie powinni zadbać o to, by wierzący zrozumieli, doświadczyli i pokochali Mszę Świętą. Gdy kapłani mówią z własnego doświadczenia uczestnictwa we Mszy, wierzący lepiej ich rozumieją i wielu z nich jest gotowych w tym doświadczeniu ich naśladować.

Kapłan nie może taki być ani nic takiego czynić, jeśli nie nauczył się i nie przyzwyczaił przychodzić do Pana i spędzać czas w Bogu wypełniając się Jego łaską; jeśli nie nauczył się i nie przyzwyczaił pozostawać w Nim; jeśli nie nauczył się wzrastać w łasce i mądrości przed Bogiem i ludźmi.

Kościół zachęca nas od najmłodszych lat, byśmy uczyli się rozmyślać (medytować) o Słowie Bożym, tak abyśmy mogli Nim żyć. Kapłan zakochany w Słowie Bożym i doświadczony w rozmyślaniu nad Nim z łatwością przekaże tę miłość i umiejętność medytacji swoim wiernym.

Składam dzięki Bogu, że miałem właśnie takich kapłanów w mojej najwcześniejszej młodości. Ich zakochanie w obecności Jezusa w Eucharystii wywarło na mnie tak wielkie wrażenie, że często miałem w zwyczaju samotnie chodzić do kościoła i wielbić Jezusa, zwłaszcza poprzez pieśni eucharystyczne: *Kłaniam Ci się pokornie; Kłaniam się Tobie, Jezu; Mój Jezu; Odpowiadam Ci, Jezu...* Składam dzięki Bogu, że miałem nauczyciela religii, kapłana, który był zakochany w Słowie Bożym, w *Biblii,* i który opowiadał nam o niektórych biblijnych księgach w taki sposób, że wszyscy bardzo chętnie go słuchaliśmy. Dziękuję Bogu za moich rodziców i babcię, ponieważ *zarazili mnie* miłością do Najświętszej Maryi Panny, świętych i dusz w czyśćcu, ponieważ *zarazili mnie* ufnością w ich pomoc. Dziękuję im za kupowanie czasopism i książek religijnych, które dodatkowo *zaraziły mnie* miłością do Boga, Kościoła i służby.

Nie chciałbym, by ktoś mnie źle zrozumiał, ale zauważyłem, że dzisiaj w niektórych krajach naszego regionu, a nawet w niektórych naszych parafiach, na Mszę przychodzi znacznie mniej dzieci niż jeszcze w nie tak odległej przeszłości. Wydaje mi się, że problem tkwi w edukacji religijnej, którą prowadzą religijni nauczyciele (kapłani lub świeccy) posiadający wiedzę, ale z jakiegoś powodu nie mają jeszcze w sobie potrzebnej *zarazy*.

Jestem całkowicie pewien jednej rzeczy: nie ma ani kapłana, ani nauczyciela religii, którego Bóg wezwał do tej posługi, do tego powołania i do tej misji, dla którego byłoby za późno, w razie potrzeby, na powrót do swojej pierwszej miłości, do Boga (lub, być może, na pierwsze przyjście do Niego) i zrobienie wszystkiego, co potrzebne, aby się Nim *zarazić*. Jeśli naprawdę tego chce, ani lata, ani doświadczenie wyjałowieni wiary, nie będą go mogły od tego odwrócić. Jestem przekonany, że każdy inny wierzący też może znaleźć Boga i *zarazić się*, gdy tylko będzie Go szukał całym swoim sercem.

Zadaniem wszystkich nas jest modlitwa i składanie ofiar za naszych kapłanów i nauczycieli religii naszych dzieci, ponieważ Pan może przez nich uczynić wiele dobrego – zwłaszcza przez tych, którzy są kochani, szanowani i mocno wspierani modlitwami swoich wiernych.

Chciałbym szczególnie podkreślić, że przez chrzest wszyscy zostaliśmy kapłanami właśnie po to, by było nam wolno i byśmy mogli składać Ojcu ofiarę Jezusa we własnych intencjach. Tylko wyświęcony kapłan może wypowiedzieć słowa przeistoczenia, ale każdy wierzący, przez swoje kapłaństwo powszechne czyli kapłaństwo chrzcielne, może składać ofiarę Jezusa w intencji własnego zbawienia i zbawienia innych. Możemy składać też własne ofiary. Jesteśmy wdzięczni, że dzięki Eucharystii możemy uczestniczyć w odkupicielskiej ofierze Jezusa, że w ten sposób możemy przyjmować i przekazywać innym dobra duchowe i doczesne.

Z własnego doświadczenia wiem, że takie myśli nie docierają łatwo do ludzkiego serca, i że akceptujemy je dopiero wtedy, gdy zaczynamy rozsmakowywać się w tym, o czym mówią.

Cisza

Niniejsze słowa kieruję do kapłanów.

Niezwykle istotne jest, aby wierzącym pozostawić wystarczająco miejsca na ciszę, tak, by mogli rozumem przyjąć, a sercem zaakceptować to, co usłyszeli lub wypowiedzieli, oraz by mogli uświadomić sobie lub uzupełnić modlitewne wezwania (te, którym musimy nadać własne znaczenie). Często wystarczy tylko odczekać kilka sekund, by rozpocząć kolejną myśl. Należy zostawić trochę więcej czasu po zakończeniu każdego czytania mszalnego, aby wierni mogli od razu utrwalić sobie w myślach, to, co z czytania wydało im się istotne zapamiętania, aby mogli zachować te słowa w swoich sercach (*J* 14, 23-24).

W większości przypadków wystarczy tylko minuta ciszy po każdym czytaniu. Jednak najważniejsze jest pozostawić przynajmniej kilka minut ciszy po zakończeniu rozdawania Komunii. W niektórych kościołach byłem mile zaskoczony kilkuminutową ciszą, która zapadła po Komunii Świętej. W niedziele i święta w tych parafiach chóry śpiewają tylko podczas przystępowania wiernych do tego sakramentu, a potem przez kilka minut panuje zupełna cisza. W tym czasie odbywa się najważniejsza część Mszy Świętej. Odniosłem wrażenie, że wierni doskonale wiedzą, czemu służy ta cisza i że są za nią bardzo wdzięczni. Najwidoczniej *zaraził* ich kapłan. Święty Papież Jan Paweł II często podkreślał, że tymi kilkoma minutami ciszy, podczas których zanurzał się w Bogu, naprawdę żył. To samo dotyczy wielu innych świętych, ale także innych wierzących, którzy mieli lub mają przywilej w ciszy przeżywać spotkanie ze swoim Zbawicielem i Odkupicielem.

Całkowity czas, który w Mszy Świętej powinniśmy spędzić w ciszy, wynosi od pięciu do maksymalnie dziesięciu minut. W celu nieprzedłużania Mszy niedzielnej i świątecznej (co jest istotne tylko w kościołach, w których odprawia się kilka Mszy jedna po drugiej), można skrócić homilię, zwłaszcza te „wejściowe" i „końcowe" oraz zbyt długie ogłoszenia duszpasterskie, które można w całości opublikować w Internecie lub w gazetce parafialnej.

A jeśli chodzi o codzienną Mszę, dlaczego nie mogłaby trwać pięć minut dłużej? Tych dodatkowych pięć minut jest niezwykle ważne, by móc czynnie i owocnie w niej uczestniczyć.

Również chciałbym tu podkreślić, co często robię, że Msze Święte są w pełni ważne, nawet jeśli nie są odprawiane według specjalnego formularza, kiedy nie specjalnie się do nich przygotowujemy, a także wtedy, gdy są prowadzone przez kapłanów, którzy nie są *zarażeni*, oraz kiedy nie dba się zbytnio o przerwy lub w jakikolwiek inny sposób nie stara się ułatwić wierzącym uczestnictwa z usposobionym sercem. Również w Mszach odprawianych w taki sposób Chrystus oddaje się w pełni. Ale owoce Mszy w dużej mierze zależą od dyspozycyjności (usposobienia) serca wiernych, a dyspozycyjność ta z kolei w dużej mierze zależy od wszystkich elementów wspomnianych wyżej.

Chciałbym dodać coś jeszcze. Czasami kapłan może zgromadzonym wiernym powiedzieć kilka zdań o osobie, w czyjej intencji odprawia się Msza Święta. W ten sposób sprawi, że wierni naprawdę będą chcieli się zaangażować i modlić się za tę osobę całym swoim umysłem i sercem. Kapłan może też sprawić, by wierni poczuli, że podczas tej Mszy robią coś naprawdę pożytecznego i ważnego.

Spokój

Pokój jest jednym z najczęstszych, najważniejszych i najpiękniejszych słów w *Biblii*, a tym samym także w liturgii. Pokój jest owocem Ducha Świętego, owocem Jego działania w naszych sercach, owocem łaski, owocem miłosierdzia, owocem przebywania w Bożej obecności.

Podczas Mszy Świętej modlimy się o pokój Chrystusowy, którego nie można porównać z niczym, co przynosi nam pokój w sensie doczesnym. On sam jest naszym spokojem. Aby zrozumieć pokój Chrystusowy, musimy zadać sobie pytanie, czym jest niepokój. Możemy go opisać tymi słowami: strach, lęk, poczucie winy, krzywda, rozczarowanie, ból, nienawiść, brak przebaczenia, gorycz, bezradność, poczucie bycia niechcianym, odrzucenie, niepewność, niezdecydowanie, brak zaufania, zazdrość, zawiść, troska o rodzinę...?!

Są to wszystko stany duszy i ducha, które nas niepokoją, zabierają nam pokój. Wielu z nas nauczyło się tłumić niepokój w głębi naszej podświadomości, ale czasami nie jesteśmy już w stanie kontrolować tego nagromadzonego niepokoju, i wtedy wychodzi on na powierzchnię i stwarza nam duże problemy.

Niepokój może być również owocem Ducha Świętego. Mianowicie, Duch Święty może zaniepokoić nasze serca, abyśmy zwrócili uwagę na tych, którzy potrzebują Bożego Miłosierdzia. Duch Święty może zaniepokoić, obudzić nasze sumienie, które zostało nam dane, aby przez nie zachęcać nas do ofiarowania siebie dla innych i czynienia dobra.

Jedynym prawdziwym rozwiązaniem problemu wszelkiego rodzaju niepokojów jest uwolnienie przez oddanie się woli Bożej.

Od samego pozdrowienia na początku Mszy, podczas jej trwania, a zwłaszcza podczas obrzędu komunii, modlimy się o pokój Chrystusowy. Po zakończeniu modlitwy *Ojcze nasz* kapłan powtarza obietnicę Jezusa daną uczniom, że zostawia i daje nam swój pokój. Prosimy Go, aby dał nam swój pokój w czasach, w których żyjemy (teraz, nie tylko w raju): abyśmy uwolnili się od niepokoju i nieporządku, które grzech wywołał w naszych sercach, życiu i rodzinach, abyśmy uwolnili się od Złego.

Szczytem Mszy Świętej jest spożywanie ofiary, czyli spożywanie Baranka Bożego, którego prosimy zaraz przed Komunią, aby dał nam swój pokój, pokój Baranka. Jezus, przychodząc do nas przez Komunię, wzywa ten pokój do naszych dusz, jak wzywał go za każdym razem, gdy wchodziłby do czyjegoś domu, i jak wzywali go apostołowie, których Jezus wysyłał dwójkami by głosili Ewangelię (*Mt* 10, 12-13; Łk 10, 5-6).

Pokój Chrystusowy jest dowodem na to, że Bóg wysłuchał naszą modlitwę (*Hbr* 11, 1).

Jeśli ktoś poprosił nas o modlitwę za niego i nie podał nam konkretnego powodu, wtedy prosimy Pana, aby podarował mu Swój pokój. Jeśli nie jesteśmy pewni, o co się modlić, wówczas pomódlmy się o pokój Chrystusowy. Pokój jest głębokim poznaniem serca, że Bóg jest z nami.

Kiedy znajdujemy się w niebezpieczeństwie, z którego nie widzimy wyjścia, Jego pokój daje nam pewność, że jest z nami, że nie powinniśmy się niepokoić. Cokolwiek złego się z nami dzieje, pamiętajmy, że pokój Jezusowy jest do naszej dyspozycji. Pamiętajmy też, że Bóg z tymi, którzy Go miłują, współdziała we wszystkim dla ich dobra.

Są życiowe sytuacje, od których Bóg nie może nas uwolnić. Na przykład, nie może zwolnić nas z obowiązku opieki nad naszym chorym psychicznie dzieckiem, ale może dać nam Swój spokój, dzięki któremu będziemy w stanie poczuć, że On jest z nami i że to, co robimy, ma sens w wieczności.

Przychodzimy na Mszę, abyśmy uzyskali pokój Chrystusowy, abyśmy go zachowali oraz pośredniczyli w przekazywaniu go innym.

Komunia

Komunia jest szczytem Mszy Świętej. Bóg chciał, abyśmy się z w Niej, przez Nią i dzięki Niej zjednoczyli z Jezusem, abyśmy stali się uczestnikami Boskiej natury. Kiedy przystępujemy do Komunii, Jezus wchodzi do nas ze swoim Ciałem i Krwią, swoją duszą (swoim człowieczeństwem) i swoją boskością, i taki w nas pozostaje, dopóki konsekrowany chleb i wino nie rozpuszczą się w naszym ciele.

To osobiste spotkanie mnie, wierzącego, z ofiarowanym Jezusem zależy w dużej mierze od usposobienia (dyspozycyjności) mojego serca. Cały dotychczasowy przebieg Mszy skierowany jest na osiągnięciu tej dyspozycyjności. Moglibyśmy dlatego podzielić Mszę Świętą w duchowym sensie na dwie części: przygotowanie się do przyjęcia Komunii i sama Komunia. Po jej przyjęciu wchodzę do swojego serca, aby spotkać i doświadczyć w nim Jezusa, to znaczy staram się skupić całą moją duchową i fizyczną uwagę na obecności Jezusa w moim wnętrzu. Osobiście robię to w następujący sposób: najpierw chwalę Go w sercu, błogosławię Go i dziękuję Mu, a potem w modlitwie oddaję Mu to, co mam w sercu. Jeśli chór śpiewa dogodną pieśń komunijną, pogrążę się wtedy w słowa pieśni. W ten sposób uświadamiam sobie jego wewnętrzną obecność, jestem świadomy, że On jest we mnie, a ja jestem w Nim, a następnie kontynuuję swoją wewnętrzną modlitwę.

Kiedy jestem w Nim, jestem napełniony Duchem Świętym, jestem napełniony ojcowską miłością rozlewającą się w moim wnętrzu i jestem gotowy (chcę) i jestem w stanie (mogę) oddać się woli Bożej. Kiedy jestem w Nim, jestem gotowy (naprawdę chcę, z całego serca) i jestem w stanie (dzięki łasce Ducha mogę): przebaczyć nawet największym wrogom; oddać Mu rany, które bolą mnie najbardziej; otrzymać wewnętrzne uzdrowienie i wyzwolenie; z wiarą serca, modlić się z Nim do Ojca i wstawiać się za innymi; szczerze mu podziękować i całym sobą błogosławić, w miarę jak prowadzi mnie Duch Święty. Czasami to zjednoczenie w Komunii przemieni się w mistyczne doświadczenie miłości i obecności Bożej, a czasami Pan chce, abym w Niego wierzył, chociaż nie doświadczyłem niczego szczególnego w swoim *zewnętrznym* człowieku.

Każde, nawet najmniejsze doświadczenie zbliża mnie do Boga. Przez doświadczenie rozumiem każdy dotyk łaski, którego w jakikolwiek sposób stałem się świadomy. Wszyscy wiemy, że Jezus powiedział, że *błogosławieni* są ci, którzy, choć nie widzą, wierzą. Żaden apostoł, z wyjątkiem Jana, nie mógł uwierzyć, że Jezus zmartwychwstał, nawet gdy im się ukazał i pokazał im swoje rany. Jezus musiał wraz z apostołami jeść, a oni sami musieli Go dotknąć, aby uwierzyć (Łk 24,41). Powinniśmy zadać sobie pytanie, czy my mamy taką wiarę, że nie musimy „widzieć". Jeśli tak, to z pewnością owoce takiej wiary są dobrze widoczne w naszym życiu. Jeśli nie, powinniśmy wiedzieć, że Jezus powiedział również siedemdziesięciu dwóm, po powrocie z podróży misyjnej, że są błogosławieni, ponieważ widzieli i usłyszeli (i doświadczyli) cudów Bożych. Dlatego wyobraźcie sobie to, co mówi Jezus - wielu proroków i królów pragnęło ujrzeć i doświadczyć tego samego, ale nie zostało im dane.

Jesteśmy więc błogosławieni, kiedy wierzymy sercem, choć nie widzieliśmy i nie dotknęliśmy, i jesteśmy błogosławieni również wtedy, kiedy możemy doświadczyć tego, czego nie mogli prorocy i królowie.

Kiedy tylko pomyślimy, że wielu z nas ma okazję uczestniczyć we Mszy Świętej nawet więcej niż dziesięć tysięcy razy w swoim życiu (niektórzy i więcej niż dwadzieścia tysięcy razy), możemy zrozumieć, jak istotne jest nawet najmniejsze doświadczenie, jak istotne jest spróbować zapoznać się z Mszą Świętą oraz z odpowiednio usposobionym sercem przystępować do komunii. Gdyby nas łaska Ojca podczas każdej Mszy Świętej, obrazowo mówiąc, tylko trochę pociągała do Jezusa, moglibyśmy bardzo szybko i coraz bardziej cieszyć się Jego obecnością. Naprawdę uważam, że powinniśmy dążyć do tego, by łaska pochodząca z przeżywania obecności Bożej pojawiała się w każdej Mszy Świętej. Pojawi się, jeśli poznaliśmy, że punktem kulminacyjnym Eucharystii jest prawdziwe spotkanie z żywym Jezusem w Komunii Świętej.

Jezus nie daje nam się w Komunii jako nagroda, ponieważ przystąpiliśmy do spowiedzi; On nie wchodzi do serc tych, którzy myślą, że są bez grzechu i dlatego zasługują na Komunię. Jezus przychodzi do tych, którzy go potrzebują i do tych, którzy go miłują; przychodzi do tych, którzy wierzą, że naprawdę przychodzi do nich w Ciele, jako prawdziwy Bóg i prawdziwy człowiek, przychodzi do tych, którzy chcą spożywać Go jako Baranka ofiarnego. Jest więcej tych, którzy Go potrzebują niż tych, którzy naprawdę Go kochają, ale pomimo to Jezus przychodzi, ponieważ wie, że miłość często zaczyna się dopiero dzięki otrzymanym łaskom. On jest tym, który zawsze kocha pierwszy. Dlatego w relacji z Nim nie myślmy zbyt wiele o tym, jak zdobyć Jego miłość - wystarczy myśleć o tym, jak Mu się odwzajemnić.

W jednej z modlitw nad darami powiedziane jest, że w Komunii następuje wymiana, w której Jezus przyjmuje (odkupuje) naszą upadłą ludzką naturę, abyśmy stali się uczestnikami Jego boskiej natury. Następnie, w tej samej modlitwie, modlimy się o łaskę, *abyśmy mogli poznać tę prawdę i żyć według niej*. Innymi słowy, to co *Biblia* i Kościół mówią nam o Komunii, jesteśmy w stanie zrozumieć umysłem, ale nie będziemy tym żyć, jeśli najpierw nie poznamy (nie przeżyjemy) Komunii w naszych sercach. Dlatego powinniśmy tęsknić za słowem poznania, o które wołamy w ostatnim wezwaniu przed samym przyjęciem Komunii: *Panie nie jestem godzien, abyś przyszedł do mnie, ale powiedz tylko słowo, a będzie uzdrowiona dusza moja*. To samo wezwanie, mające w przeszłości zupełnie inne znaczenie, dzisiaj możemy rozumieć też w ten sposób: *Panie, kiedy wejdziesz do mojego wnętrza, pozwól mi doświadczyć w sercu przynajmniej jednego z Twoich słów, ponieważ każde Twoje słowo może mnie zmienić, uzdrowić i wyzwolić. Panie, czy mogę być godny Ciebie, jeśli moje serce nie pragnie Twego słowa?!*

Myślę, że pod koniec tego ziemskiego życia będziemy gorzko żałować straconych szans, które w szczególny sposób zostały nam udzielane w Komunii.

(*KKK* 1382; *KKK* 1391-1396; *KKK* 1374; *KKK* 1377; *KKK* 1098; *SC* 11; *EE* 61; *KKK* 1355; *J* 20, 29; Łk 10, 24; *J* 3, 16; *1 J* 4, 10-11; *J* 17, 23-26; *1 Kor* 11, 28-31)

PRZYGOTOWANIE SIĘ DO MSZY ŚWIĘTEJ - MODLITEWNIK

„Zgromadzenie powinno przygotować się na spotkanie ze swoim Panem - być "ludem dobrze usposobionym". To przygotowanie serc jest wspólnym dziełem Ducha Świętego i zgromadzenia, a szczególnie pełniących funkcje wynikające ze święceń (ministri). Łaska Ducha Świętego zmierza do wzbudzenia wiary, nawrócenia serca i przylgnięcia do woli Ojca. Te dyspozycje są podstawą do przyjęcia innych łask ofiarowanych w samej celebracji oraz owoców nowego życia, jakie ma ono następnie wydać."

KKK 1098

Kościół uczy nas, że przygotowanie się do Mszy Świętej jest absolutnie konieczne, jeśli chcemy w niej uczestniczyć w sposób czynny i owocny. Sam się o tym przekonywałem przez lata i podczas wielu Mszy. Jezus Chrystus w pełni uczestniczył w swojej męce: całym sercem, całą swoją duszą, całą swoją siłą fizyczną, psychiczną i duchową. Odkupił nas swoją męką, śmiercią i zmartwychwstaniem, ponieważ nas kocha, ponieważ się o nas troszczy. Jeśli chcemy owocnie uczestniczyć we Mszy Świętej, wtedy i my powinniśmy kochać i troszczyć się najpierw o naszą intymną relację z Nim, a następnie o osobę, za którą składamy Ofiarę eucharystyczną. Powinniśmy przynajmniej spróbować uczestniczyć w niej całym sercem, całą duszą i całą swoją siłą woli (*Mt* 22, 35-38).

Pewne jest, że nie na każdej Mszy osiągniemy to, co byśmy chcieli, ale Bóg patrzy nie tylko na to, co osiągnęliśmy. Interesuje Go również to, co naprawdę chcieliśmy osiągnąć, jakie są prawdziwe zamierzenia naszego serca, i ile miłości włożyliśmy w modlitwę.

Dlatego przygotowując się do Mszy, staram się określić, jakie są moje prawdziwe pragnienia i zamierzenia serca, co tak naprawdę chcę osiągnąć składając ofiarę Jezusa. Z biegiem czasu wiele moich zamierzeń (intencji) się skrystalizowało i nie potrzebuję dużo czasu, aby usposobić swoje serce do owocnego ofiarowania Mszy. Zdarza się, na przykład, że dowiaduję się, że zbliża się chwila odejścia jakiejś osoby, wystarczy mi kilka minut poświęconych na przygotowanie bezpośrednio przed Mszą Świętą, by owocnie ofiarować Ofiarę eucharystyczną.

Chciałbym, by nikogo nie przestraszyła długość tekstów przygotowań, które proponuję, ponieważ bardzo szybko wypisują się one w serce i przed Mszą Świętą powinniśmy je tylko krótko sobie przypomnieć.

Przygotowanie powinno być tak opracowane, by łaska Ducha Świętego wzbudziła w nas otwartość na wiarę sercem, tęsknotę do nawrócenia (do jakościowej przemiany serca) i gotowość akceptowania tego, co Ojciec nam proponuje jako owoc złożenia ofiary Jezusa przez nas i naszego przebywania w Nim (*KKK* 1098; *KKK* 1128).

Chrystus odkupił nas swoją miłością z krzyża. My, dobrowolnie ofiarując własne cierpienia (własne ofiary), pokazujemy naszą miłość do Jezusa i potrzebujących bliźnich. Składanie naszych własnych ofiar jest aktem i modlitwą jednoczącą nas głęboko z ukrzyżowanym Chrystusem.

Dlatego w dniach, w których ofiarujemy Msze, zjednoczmy się z Chrystusem ukrzyżowanym i pokażmy sobie i Ojcu, że naprawdę zależy nam na osobie, za którą składamy ofiarę Jezusa (*Kol* 1, 24-26). Istotne jest, by ofiary zostały składane z czystej miłości do Boga i osoby, za którą ofiarujemy Mszę Świętą, i jeśli to możliwe, by były utrzymywane w tajemnicy.

Oto niektóre ofiary, które możemy zjednoczyć z ofiarą Chrystusową gdy ofiarujemy Msze: post, wyrzeczenie się czegoś, na czym szczególnie nam zależy (telewizja, internet, kawa, papierosy, jakieś hobby...), uczynki miłosierdzia, których zazwyczaj nie czynimy, wyrzeczenie się użalania nad sobą, narzekania, plotkowania... Ponieważ bardzo lubiłem siedzieć podczas Mszy, w pewnym momencie Duch Święty zapytał mnie, dlaczego nie pozostałbym w pozycji stojącej podczas całej Mszy i nie poświęciłbym tej małej ofiary dla zbawienia czwórki moich własnych dzieci. Od tamtej pory podczas Mszy Świętej już nie siedzę.

Aby czerpać jak największe korzyści z przygotowania się, tekst przygotowania należy czytać umysłem i sercem. Powinniśmy go czytać i rozmyślać nad nim dopóki, dopóty nie zaakceptujemy go przynajmniej w myślach, i dopóki nie uświadomimy sobie, że tego, co jest w nim napisane, naprawdę chcemy. Kiedy to się zdarzy, odpowiednie nastawienie się przed Mszą będzie nam zajmować znacznie mniej czasu i wysiłku.

Na Mszę składają się różne wezwania modlitewne, do których, podobnie jak do wysuszonych kości Ezechiela, należy dodać mięso; do których, gdy zostaną wypowiedziane, powinniśmy tchnąć życie; do których powinniśmy z sercem nadać ofiarowanie intencji (*Ez* 37, 1-8). Kiedy więc podczas Mszy wypowiemy, na przykład: „Baranku Boży, który gładzisz grzechy świata, zmiłuj się nad nami", powinniśmy być świadomi tego, o co się modliliśmy w przygotowaniu i w czym chcemy, by Baranek Boży zmiłował się nad nami. W *Akcie pokuty* powinniśmy być świadomi tego, za co odpokutowaliśmy w przygotowaniu. W trakcie modlenia *Chwały na wysokości Bogu* powinniśmy być świadomi tego, za co dziękujemy, za co wysławiamy, błogosławimy, wielbimy oraz o co prosimy...

Podczas przygotowań niektóre myśli będziemy mogli zaakceptować tylko rozumem. Będziemy świadomi, że coś z tego, co zostało powiedziane, serce jeszcze nie zaakceptowało, na przykład całkowite przebaczenie ludziom, którzy bardzo nas skrzywdzili. Może to także być oddanie się woli Bożej i akceptowanie możliwości, że wynik odkupienia może nie być taki, jakiego byśmy chcieli najbardziej. Będziemy mogli to zaakceptować w naszych sercach dopiero podczas Mszy. Kiedy mówię „móc akceptować", nie sądzę, że to akceptowanie będzie dla nas stanowić wielką udrękę. Z doświadczenia wiem, że tą akceptację najłatwiej mogę opisać słowami: „radosne objawienia, z którymi cała nasza istota zgadza się w radości".

Istotne jest, by z góry zaakceptować fakt, że wpisanie przygotowania do serca zajmie nam trochę czasu. Długość tego czasu w dużej mierze zależy od tego, jak bardzo naprawdę nam na tym zależy. Im bowiem bardziej nam zależy, tym mniej czasu będziemy potrzebować, ponieważ do przygotowania podejdziemy z silniejszą wolą. Jeśli wyda nam się ono zbyt trudne, zbyt długie; jeśli myślimy, że w tej chwili nie mamy wystarczającej motywacji, by zrobić to sumiennie, to spróbujmy jeszcze raz, gdy dodatkowo zmotywuje nas pewna trudna sytuacja w życiu (nasza lub kogoś, na kim naprawdę nam zależy).

Dobre przygotowanie obejmuje również standardowe modlitwy, takie jak różaniec i różne litanie, których odmawia się prawie regularnie w większości parafii przed samą Mszą Świętą. Ważne jest, by w przygotowaniu się do Mszy Świętej, modlitwy te były odmawiane nie tylko ustami, ale także umysłem i sercem. Bóg nie odpowie na nasze modlitwy tylko dlatego, że odmówiliśmy wiele modlitw (*Mt* 6, 6-8). Jest niezwykle istotne, abyśmy niektórym wezwaniom modlitewnym nadali w duchu, w naszych sercach, to, co wyraziliśmy podczas przygotowań. Na przykład, gdy modlimy się w różańcu: „Święta Maryjo, Matko Boża, módl się za nami grzesznymi", stajemy się świadomy, że prosimy Maryję, by modliła się dokładnie o to, co w przygotowaniu przyjęliśmy jako naszą intencję. W ten sposób uświadamiamy sobie rzeczywistą obecność, rolę, pomoc i wsparcie świętych, którymi kieruje Najświętsza Maryja Panna. Czynimy to samo w niektórych wezwaniach litanii i we wszystkich innych modlitwach, w których wyrażamy prośby, które nie są do końca zdefiniowane. W ten sam sposób modlitwy te pomagają nam stworzyć nawyk i ćwiczą ducha, ćwiczą serce, abyśmy mogli łatwiej nadać intencję pewnymi wezwaniami i wzorami modlitewnym. Pomagają nam także uczestniczyć we Mszy z niepodzielną uwagą.

Oprócz modlenia się różańcem i litanią wspaniałym przygotowaniem do Mszy Świętej jest oddawanie chwały Bogu poprzez śpiew natchniony odpowiednimi pieśniami. Przed Mszą dobrze jest też odbyć adorację przed Najświętszym Sakramentem. W ten sposób możemy jeszcze bardziej usposobić nasze serca na przeżywanie szczytu Mszy: Komunii. Kapłan może bardzo pomóc zgromadzonym wiernym w otwieraniu się na obecność Jezusa w Komunii, jeśli przed adoracją wystawi w monstrancję jedną z małych hostii, jakie wierni przyjmują podczas Komunii. Następnie, przed rozdaniem Komunii, kapłan wyprowadza tę samą hostię z monstrancji i przed wszystkimi obecnymi wystawia ją w kielichu wśród innych hostii, które zostaną rozdane. W ten sposób może dodatkowo zwrócić uwagę wiernych na świętość tego sakramentu. Człowiek jest istotą psychologiczną i właśnie dlatego w sakramentach mamy widzialne znaki niewidzialnej obecności Bożej.

Oczywiście istnieją też inne sposoby przygotowania się do Mszy Świętej, takie jak spowiedź bezpośrednio przed Mszą, rozważanie Słowa Bożego, rozważanie Męki Chrystusowej.

Osobiście lubię słuchać lub czytać Ewangelię na godzinę przed poranną Mszą Świętą. Lubię patrzeć oczami serca i słuchać uszami serca tego, którego spotkam i przyjmę podczas Eucharystii. Spotkanie z Nim podczas Mszy w dużej mierze zależy od tego, w jaki sposób doświadczyłem Go tuż przed nią.

Podobnie, kiedy tylko mogę, lubię po powrocie z kościoła do domu poświęcić co najmniej pół godziny na czytanie i rozważanie Słowa Bożego. W ten sposób poświęcam Panu swój najcenniejszy czas, ponieważ w tym czasie, kiedy mój umysł jest „najświeższy" i najbardziej wypoczęty, najłatwiej mogę usłyszeć, rozpoznać i zaakceptować słowa, które wypowiada do mnie osobiście - słowa, które mnie budują i czynią lepszym człowiekiem.

Osobiście chciałbym podkreślić, że w każdej Mszy Świętej oczekuję łaski, która mnie zmieni, podniesie mnie duchowo, mówiąc obrazowo, o „tylko" jeden centymetr. Czasami ten jeden jedyny centymetr, ta jedna jedyna mała łaska, którą otrzymuję, wystarczy, abym wyciągnął nos z wody i uniknął utonięcia. Po wielu Mszach Świętych centymetry powoli stają się metrami. Coraz częściej myślę o wieczności, coraz bardziej cieszę się obecnością Bożą, jestem coraz bardziej świadomy moich słabości, coraz bardziej polegam na łasce Bożej. I, jak głosi jedna kolekta, coraz bardziej staję się głęboko świadomy, że łaska Boża jest tak często naszą jedyną nadzieją, a Boża ochrona jest naszą jedyną pewnością (V Niedziela Zwykła, kolekta). Jeśli gardzimy tym centymetrem, jeśli uważamy, że dla jednego centymetra nie warto starać się o dobre przygotowanie do Mszy Świętej, to może wciąż jesteśmy na „poziomie zero", może nadal przychodzimy na Mszę Świętą, tylko po to, by wypełnić swój obowiązek. Może wciąż wracamy ze Mszy tacy sami jak w momencie, kiedy na nią szliśmy, wychodzimy z kościoła bez doświadczenia łaski.

W niniejszej książce przedkładam wybrane przygotowania, które, moim zdaniem, przydadzą się czytelnikom. Opracowałem te przygotowania dla siebie i dla przyjaciół, którzy poprosili mnie o pomoc w przygotowaniu się do ich specyficznych intencji. Czytelnicy mogą korzystać z proponowanych przygotowań w takiej formie, w jakiej zostały przedstawione; mogą dowolnie dodać lub pominąć to, co wydaje im się przydatne. Równie dobrze, przygotowania mogą stanowić inspirację, by według ich wzoru czytelnicy mogli stworzyć swoje własne modlitwy.

Osobiście zawsze lubię coś dodać lub usunąć, w zależności od chwilowego natchnienia, które otrzymuję modląc się. Dlatego też zaproponowane przygotowania nie mają perfekcyjnej formy i struktury, i uważam, że nie powinni jej mieć. Istotne jest, aby w każdym przygotowaniu przynajmniej mała część proponowanego tekstu trafiła do serca czytelnika i w nim została. Równie ważne jest, abyśmy rozpoczęli przygotowanie całkowicie rozluźnieni, z oczekiwaniem w sercu, ponieważ nigdy nie wiemy z góry, która część, dzięki łasce Ducha, wypisze się w naszym sercu. Bóg zna nas doskonale i wie, czego najbardziej potrzebujemy w danej chwili. Kiedy więc czujemy, że niektóre słowa rezonują z naszym sercem w szczególny sposób, zatrzymujmy się i powtórzmy je powoli, tak długo, aż poczujemy, że powinnyśmy kontynuować przygotowanie.

Jeśli naprawdę zależy nam na osobie, w czyjej intencji ofiarujemy Mszę, nie powinniśmy się bać - Duch Święty bardzo nam będzie pomagać i będziemy mogli rozpoznać Jego podpowiedzi, Jego kierownictwo, i to nie tylko podczas przygotowań, ale także podczas Mszy Świętej.

Poniżej przedkładam kilka przygotowań do Mszy Świętej w różnych intencjach. W opracowaniu jest aplikacja na telefon w języku polskim z rozszerzoną wersją książki i z większą liczbą przygotowań do Mszy. Aplikacja będzie się nazywać *Msza i Modlitwy*.

Uwolnienie z Czyśćca

(Rozpocznij znakiem krzyża.)

Niech to przygotowanie odbywa się w imię Ojca i Syna i Ducha Świętego! Amen!

Niech Twoja łaska będzie ze mną, Panie Jezu Chryste, Twoja miłość, Boże Ojcze i Twoja obecność, Duchu Święty.

Intencja

Wiekuisty Ojcze, składam Ci ofiarę Twojego umiłowanego Syna, naszego Pana, Jezusa Chrystusa, za odkupienie N. z czyśćca.

(Pod N. wstaw imię osoby, za którą ofiarujesz Mszę.)

Podziękowanie za dar życia

Dziękuję Ci, Panie, za dar życia, który mu podarowałeś.

Ty go cudownie zaprojektowałeś i stworzyłeś.

Stworzyłeś go na swój obraz i podobieństwo.

Ty, Ojcze Niebieski, z bezgraniczną miłością uznałeś go w sakramencie chrztu za swojego przybranego syna.

Dziękuję Ci, Panie, za wybranie czasu i miejsca, w którym się N. urodził.

Dziękuję Ci, że wybrałeś mu rodzinę i okoliczności życiowe, w których się urodził.

Dziękuję Ci za każdego członka jego rodziny.

Dziękuję Ci za każdego członka rodziny, którą założył.

Podziękowanie za dobre uczynki

Dziękuję Ci za każdą osobę, która była dla niego w życiu ważna.

Dziękuję Ci za wszystkich tych, którzy kiedykolwiek i w jakikolwiek sposób czynili dobro jemu i jego rodzinie.

Dziękuję Ci, Panie, za tych, którzy dla N. byli wzorem wiary w Ciebie; za tych, którzy go uczyli i mówili mu o Tobie.

Dziękuję Ci za tych, którzy podczas jego ziemskiego życia błogosławili go swoją modlitwą.

Dziękuję Ci, Panie, za podarowanie mu mnóstwa możliwości, w których mógł zdecydować się na miłość i szacunek do Ciebie i bliźnich.

Dziękuję Ci, Panie, za podarowanie mu wielu okazji do poświęcania się w imię miłości do innych ludzi i do przebaczania wciąż na nowo.

Dziękuję Ci, Panie, że podarowałeś mu wiele dobrych chwil i darów, dając mu w ten sposób wiele okazji do dziękowania Ci i wysławiania Cię.

Panie, pozwoliłeś mu wielokrotnie znaleźć się w sytuacjach,

w których potrzebował Twojej pomocy, ponieważ i w ten sposób chciałeś go do Siebie przyciągnąć.

Dałeś mu, Panie, wiele okazji, aby Cię szukał i odnalazł, spędzał czas w Twojej obecności, i w ten sposób napełniał się Twoją łaską i mądrością.

Chciałeś, żeby zdobył jak najwięcej niezniszczalnego skarbu na życie wieczne, chciałeś, aby w wieczności był jak najbliżej Ciebie.

Dziękuję Ci, Panie, za wszelkie dobro, które mu dałeś.

Dziękuję Ci, Panie, za każdą łaskę, którą N. przyjął za życia; dziękuję Ci za każdy jego dobry uczynek; dziękuję Ci za każdą jego ofiarę uczynioną z miłości; dziękuję Ci za każde dobre słowo, które wypowiedział; dziękuję Ci za każde dobre życzenie, które nosił w swoim sercu.

Dziękuję Ci, Panie, za każdą chwilę, którą N. spędził z Tobą i w Tobie.

Dziękuję Ci za każdą Mszę Świętą, w której uczestniczył, za każdą spowiedź, za każdą modlitwę, którą wypowiedział sercem.

Podziękowanie za zbawienie

Panie, Ty ofiarujesz nam swoją obfitość życia, ofiarujesz nam siebie samego, a my zbyt często wybieramy naszą drogę ku obfitości bożków, którymi dajemy pierwszeństwo zamiast dać je Tobie i naszym bliźnim.

Tak więc zamiast pełni życia wybieramy marność; zamiast Twojego słowa, pogoń za wiatrem.

Panie, pomimo tego, czego nas uczysz i co nam dajesz, często nie jesteśmy Ci wdzięczni i popadamy w grzech.

Często próbujemy usprawiedliwiać nasze grzechy, często nasz żal nie jest szczery.

Panie, wielu z nas nie może zmienić się w sposób, w jaki byśmy chcieli, ponieważ nie wiemy, że Ty jesteś tym, który daje nowe serce – wtedy, kiedy jesteśmy z Tobą i w Tobie.

Bez Ciebie, bez Twojego przebaczenia, nikt z nas nie może zostać zbawiony.

Dlatego dziękuję Ci, Ojcze, że dałeś swojego Jednorodzonego Syna, Jezusa Chrystusa, aby każdy, kto w Niego wierzy, nie zginął, ale miał życie wieczne.

Dziękuję Ci, Jezu, że zapłaciłeś za nas karę za nasze grzechy i nasze winy.

Dziękuję Ci, Panie, że stawiłeś mi N. do mojego serca, abym mógł z miłością i szczerą chęcią złożyć Ojcu Twoją ofiarę za jego odkupienie z czyśćca.

Modlitwa

Ojcze Niebieski, wiem, z jaką tęsknotą N. chciałby złożyć ofiarę Twojego Syna za własne odkupienie z czyśćca, ale Ty w swojej sprawiedliwości zdecydowałeś, że możemy złożyć ofiarę Jezusa za siebie tylko przed naszą ziemską śmiercią.

Dlatego to ja składam Ci ofiarę Twojego ukochanego Syna Jezusa w jego imieniu.

Proszę Cię, Ojcze, w Jezusowym, w swoim własnym, i w jego imieniu, abyś przebaczył mu jego grzechy, ponieważ wiem, że jest on teraz w pełni świadomy swojego życia na ziemi, że jest świadomy z jakimi motywami i zamierzeniami serca przeżywał swoje ziemskie życie oraz wiem, że szczerze żałuje za grzechy i woła o Twoją łaskę.

Proszę Cię, Ojcze, w Jezusowym, w swoim własnym i w jego imieniu, byś swoim miłosierdziem i łaską naprawił szkody tym, których N. w jakikolwiek sposób zranił swoim grzechami.

Proszę Cie, przemień wyrządzone im zło w dobro.

Proszę Cię, Ojcze, w Jezusowym, w swoim własnym i w jego imieniu, byś przebaczył wszystkim tym, którym N. za życia na ziemi nie umiał, nie był w stanie lub nie chciał wybaczyć.

Proszę Cię, byś go napełnił swoim świętym pokojem i doprowadził do swojego królestwa miłości, sprawiedliwości i pokoju.

O to wszystko, Ojcze, proszę Cię w imieniu Jezusowym, ponieważ wiem, że także za niego Jezus umarł z czystej miłości.

Wyznanie wiary

Panie Jezu, Ty ustanowiłeś sakrament Eucharystii, abyśmy wciąż na nowo mogli owocnie uczestniczyć w Twojej ofierze i abyśmy mogli z niej czerpać owoce odkupienia, owoce Twojej miłości i miłosierdzia.

Dziękuję Ci, że przychodzisz do nas w Eucharystii jako prawdziwy Bóg i prawdziwy człowiek, abyśmy i my mogli, niczym chorzy, cierpiący i grzesznicy z Ewangelii, przyjść do Ciebie i otrzymać Twoją łaskę.

Odkupiłeś nas, Jezu, od kary za grzechy; odkupiłeś naszą upadłą naturę zniewoloną przez egoizm i skłonną do grzechu.

Twoja ofiara jest doskonała, a od nas, ludzi, oczekujesz, byśmy złożyli ją Ojcu za nas samych i innych.

Panie, wierzę w to, że w Eucharystii spożywam Twoje Ciało i Twoją Krew, spożywam Ciebie, Baranka ofiarnego, który za nas zostałeś zabity.

Wierzę, że Ty, Jezu, wchodzisz do mnie ze swoją Boską i ludzką miłością.

Wierzę, Panie, że przychodzisz do mnie tak blisko, by dzięki Twojej łasce, moje serce napełniło się ufnością w Twoje niezmierzone miłosierdzie i abyś napełnił mnie miłością do Ciebie i do N., za którego składam Twoją ofiarę Ojcu.

Modlitwa o pomoc

Duchu Święty, proszę Cię, byś mnie prowadził przez tą Mszę Świętą.

Pomóż mi, dzięki Twojej łasce, utrzymywać moje myśli w harmonii z moimi słowami.

Pomóż mi, by N., dzięki Twojej łasce, był w moim sercu podczas całej Mszy Świętej.

Dziękuję Ci, Duchu Święty, za pomoc, ponieważ bez Twojej łaski nie umiemy właściwie się modlić, bez Twojej łaski nie jesteśmy w stanie wierzyć sercem i nie możemy kochać w sposób czysty.

Święta Maryjo, Matko Boża, Królowo Pokoju, módl się za mnie, który ofiaruję, i za duszę, za którą składam ofiarę Twojego Syna.

Ty, Maryjo, jesteś najgłębiej związana z męką i śmiercią Jezusa: stałaś pod Jego krzyżem, byłaś Jego pociechą i siłą w najtrudniejszych dla Niego chwilach, przeżyłaś całą głębię bólu, który pozostał ukryty przed innymi ludźmi.

Miecz boleści przeszył Twoje serce, Maryjo, abyś mogła pomóc nam, słabym i grzesznym, odkryć prawdziwe zamierzenia naszych serc, odkryć prawdziwe motywy, według których żyjemy oraz pomóc nam żałować za własne grzechy.

Dlatego Maryjo, nie mogę złożyć Ojcu ofiary Twojego Syna, nie złożywszy jednocześnie Twojej ofiary, nie złożywszy ofiary wszystkich tych, którzy na przestrzeni wieków łączą swoje cierpienie z cierpieniem Twojego Syna oraz nie złożywszy mojego cierpienia, które chcę łączyć z cierpieniem Twojego Syna Jezusa.

Maryjo, Jezusowa i nasza Matko, proszę Cię, módl się za N., by Ojciec zmiłował się nad nim, by przyjął ofiarę Swego i Twojego Syna, którą składam za niego, by doprowadził go do Swego królestwa, by doprowadził go do raju.

Uproś mi, Maryjo, łaskę, abym ja też coraz głębiej poznawał sens ofiarowania własnych wyrzeczeń i cierpień, abym z jak największą wiarą i miłością mógł składać ofiarę Jezusową za dusze potrzebujące łaski odkupienia.

Święci Apostołowie Piotrze i Janie, św. Franciszku z Asyżu, św. Klaro, św. Franciszku Ksawery, św. Tereso z Avila, św. Tereso od Dzieciątka Jezus, św. Ojcze Pio, św. Janie Pawle II, św. Faustyno Kowalska, wszyscy święci, przez czyje wstawiennictwo N. kiedykolwiek się modlił, pomóżcie mu, miłując go przed tronem Bożym.

Medytacja komunijna

Panie Jezu, Baranku Boży, nie jestem godzien abyś wszedł pod mój dach, nie jestem godzien, abyś wszedł do mojej duszy, lecz z całego serca Cię błagam, abyś napełnił mnie Swoją obecnością.

Ponieważ, Panie, jak sam z siebie stanę się tego godny?

Panie, jak sam rozpalę światło swej duszy, kiedy Ty jesteś Światłem, kiedy tylko Ty możesz oświecić moją ciemność, kiedy tylko Ty możesz sprawić, że mogę widzieć, słyszeć i rozumieć sercem – abym szczerze żałował za grzechy i otrzymał Światło?

Jak, Panie, będę przebaczać bez Twojej łaski, jak będę szczerze żałować grzechy, jak będę się modlić z wiarą, jak będę się zmieniać?

Panie, jak uspokoję moją duszę bez Ciebie, który jesteś jedynym prawdziwym Pokojem?

Jak, Panie, będzie żyć moja dusza, jeśli Ty, który jesteś Życiem, nie będziesz w niej mieszkać?

Jak, Panie, moja dusza nauczy się kochać, jeśli nie przebywa w niej Nauczyciel, jeśli nie trwa w niej Miłość?

Panie, jak będę Ci składać dzięki, jak będę Cię wysławiać, jak będę Cię błogosławić, jeśli moja dusza nie zakosztuje Twojej świętej obecności, jeśli nie doświadczy Twojego pokoju, jeśli nie skosztuje Twojej radości?

Wejdź, Panie, jako mój Odkupiciel i mój Zbawiciel, jako mój nauczyciel, i bądź królem mego serca.

Wejdź, Jezu, powiedz Słowo, a żyć będzie cała moja istota.

Wejdź, Jezu, we mnie, pociągnij mnie do swojego krzyża, przytul mnie do swojego serca, ponieważ chcę Ci oddać mój ból, ponieważ chcę Ci oddać moje zranione serce.

Wejdź, Jezu, i naucz mnie kochać tak, jak Ty nas kochałeś.

Wejdź, Jezu, ponieważ chcę z Tobą, z Twoją miłością modlić się do Ojca, aby zmiłował się nad wszystkimi, których ofiaruję podczas tej Mszy Świętej.

Chwalę Cię, mój Boże, wysławiam Cię i błogosławię.

Wielbię Cię i dzięki Ci składam za Twoją wielką dobroć.

Albowiem tylko Tyś sam jest święty.

Tylko Tyś jest Panem.

Tylko Tyś najwyższy, Jezu Chryste.

Z Duchem Świętym, w chwale Boga Ojca.

Amen.

Za zbawienie konającego

Wszechmogący, miłosierny Boże! Ty okazujesz miłość wszystkim stworzeniom. Wysłuchaj modlitw za naszych konających braci: odkupieni drogocenną krwią Twojego Syna, niech przejdą z tego świata bez skazy grzechu i spoczną w Twoim ojcowskim łonie. Przez Pana.
Kolekta

(Rozpocznij znakiem krzyża.)

Niech to przygotowanie odbywa się w imię Ojca i Syna i Ducha Świętego! Amen.

Niech Twoja łaska będzie ze mną, Panie Jezu Chryste, Twoja miłość, Boże Ojcze i Twoja obecność, Duchu Święty.

Intencja

Wiekuisty Ojcze, składam Ci ofiarę Twojego umiłowanego Syna, naszego Pana, Jezusa Chrystusa, za N., który w tej chwili odchodzi z tego świata.

(Pod N. wstaw imię osoby, za którą ofiarujesz Mszę).

Podziękowanie za dar życia

Dziękuję Ci, Panie, za dar życia, który mu podarowałeś.

Ty go cudownie zaprojektowałeś i stworzyłeś.

Stworzyłeś go na swój obraz i podobieństwo.

Stworzyłeś go, aby żył wiecznie dając mu okazję, by życie na ziemi zdeterminowało, jaka czeka na niego wieczność po śmierci.

W głębi jego duszy wpoiłeś mu miłość gotową do ofiary, gotową do przebaczenia, błogosławieństwa i dziękczynienia; gotową do dawania i udzielania pomocy.

Wpoiłeś mu miłość, której doświadczyć w pełni może tylko w Tobie.

Ojcze Niebieski, Ty, z bezgraniczną miłością uznałeś go w sakramencie chrztu za swojego przybranego syna i zaprosiłeś go do tego, by tę miłość podczas życia odkrywał i żył z pomocą Ducha Świętego.

Dziękuję Ci, Panie, za wybranie czasu i miejsca, w którym się N. urodził.

Dziękuję Ci, że wybrałeś mu rodzinę i okoliczności życiowe, w których się urodził.

Dziękuję Ci za każdego członka jego rodziny.

(Przypomnij sobie każdego, jeśli ich znasz.)

Dziękuję Ci za każdego członka rodziny, którą założył.

(Jeśli jest żonaty, przypomnij sobie jego małżonkę i wszystkich potomków).

Dziękuję Ci za każdą osobę, która była dla niego w życiu ważna.

Dziękuję Ci za wszystkich tych, którzy kiedykolwiek i w jakikolwiek sposób czynili dobro jemu i jego rodzinie.

Dziękuję Ci, Panie, za tych, którzy byli dla N. wzorem wiary w Ciebie; za tych, którzy go uczyli i mówili mu o Tobie.

Dziękuję Ci za tych, którzy za życia błogosławili go swoją modlitwą i tych, którzy robią to teraz.

Ty, Panie, podarowałeś mu mnóstwo możliwości, dzięki którym mógł zdecydować się na miłość i szacunek do Ciebie i bliźnich.

Podarowałeś mu wielu okazji do poświęcania się w imię miłości do innych ludzi i przebaczania wciąż na nowo.

Panie, podarowałeś mu wiele dobrych chwil i darów, dając mu w ten sposób wiele okazji do dziękowania Ci i wysławiania Cię.

Panie, pozwoliłeś mu wielokrotnie znaleźć się w sytuacjach, w których potrzebował Twojej pomocy, ponieważ także w ten sposób chciałeś go do Siebie przyciągnąć.

Dałeś mu, Panie, wiele okazji, aby Cię szukał i odnalazł, spędzał czas w Twojej obecności, i w ten sposób napełniał się Twoją łaską i mądrością.

Dziękuję Ci, Panie, za każdą łaskę, którą N. przyjął za życia; dziękuję Ci za każdy jego dobry uczynek; dziękuję Ci za każdą jego ofiarę uczynioną z miłości; dziękuję Ci za każde dobre słowo, które wypowiedział; dziękuję Ci za każde dobre życzenie, które nosił w swoim sercu.

Ty, Panie, obiecałeś nam, że nie zabraknie dla nas nagrody, jeśli tylko któremuś z Twoich braci podamy szklankę wody.

Pamiętaj, Panie, o dobru, które N. uczynił w ciągu swego życia.

Dziękuję Ci, Panie, za każdą chwilę, którą N. spędził z Tobą i w Tobie, dziękuję Ci za każdą Mszę Świętą, w której uczestniczył, za każdą spowiedź, za każdą modlitwę, którą wypowiedział sercem.

Dziękuję Ci, Panie, za te chwile w których jeszcze był z Tobą. Proszę Cię, przypomnij mu o nich.

Dziękuję Ci, Panie za to, że chcesz, aby jego radość była możliwie największa; że chcesz, aby zdobył jak najwięcej niezniszczalnego skarbu na życie wieczne; że chcesz, aby w wieczności był jak najbliżej Ciebie.

Podziękowanie za Bożą bliskość

Ty, Panie, darowałeś nam Ducha Świętego, abyśmy wciąż na nowo mogli przychodzić do Ciebie, wchodzić w Twoją obecność i trwać w Tobie.

(Wzywaj teraz Ducha Świętego całym sercem wołając o jego pomoc.)

Kiedy przebywamy w Twojej obecności, nasz Boże, Ty nam dajesz odpoczynek, wyzwalasz nas i ozdrawiasz nasz duch, duszę i ciało.

Kiedy jesteśmy w Twojej obecności, Ty nas uczysz i zmieniasz.

Kiedy jesteśmy w Twojej obecności, dajesz nam swoją miłość, dzięki której możemy wszystkim przebaczyć i ofiarować się za każdego.

Kiedy jesteśmy w Twojej obecności, nasz Odkupicielu, dajesz nam wiarę serca, dzięki której możemy modlić się w intencjach innych osób.

Kiedy jesteśmy w Twojej obecności, dajesz nam siłę woli, abyśmy byli w stanie przył grzech i wytrwać na drodze zbawienia.

Kiedy jesteśmy w Twojej obecności, wiekuisty Ojcze, napełniasz nas swoim pokojem i radością oraz dajesz nam swoje życie w obfitości.

Kiedy jesteśmy w Twojej obecności, Panie, otwierasz nasze serca, abyśmy mogli oddać Ci się w pełnej wolności; abyśmy mogli przyjąć Cię jako naszego Zbawiciela i Odkupiciela, jako króla naszych serc; otwierasz nasze serca, abyśmy mogli przyjąć Cię jako lekarza naszej duszy, naszego ducha i ciała.

Dlatego proszę Cię teraz, Jezu, przyciągnij N. swoją miłością i udziel mu łaski, aby mógł i chciał w modlitwie przychodzić do Ciebie, wchodzić w Twoją obecność, wchodzić w Twoje serce i trwać w Tobie.

Podziękowanie za zbawienie

Panie, Ty ofiarujesz nam swoją obfitość życia, ofiarujesz nam siebie samego, a my zbyt często wybieramy naszą drogę ku obfitości i bożków, którym dajemy pierwszeństwo zamiast dać je Tobie i naszym bliźnim.

Tak więc zamiast pełni życia wybieramy marność; zamiast Twojego słowa, pogoń za wiatrem.

Panie, pomimo tego, czego nas uczysz i co nam dajesz, często nie jesteśmy Ci wdzięczni i popadamy w grzech.

Często próbujemy usprawiedliwiać nasze grzechy, często nasz żal nie jest szczery.

Panie, wielu z nas nie rozumie w sercu ani Twojej sprawiedliwości, ani Twojego miłosierdzia i dlatego zdarza się, że nie możemy lub nawet nie chcemy wybaczać tym, którzy zranili nas swoimi grzechami.

Panie, wielu z nas nie może zmienić się w sposób, w jaki byśmy chcieli, ponieważ nie wiemy, że Ty jesteś tym, który daje nowe serce – wtedy, kiedy jesteśmy z Tobą i w Tobie.

Bez Ciebie, bez Twojego przebaczenia, nikt z nas nie może zostać zbawiony.

Dlatego dziękuję Ci, Ojcze, że dałeś swojego Jednorodzonego Syna, Jezusa Chrystusa, aby każdy, kto w Niego wierzy, nie zginął, ale miał życie wieczne.

Dziękuję Ci, że obiecałeś nam, że wszyscy ci, którzy wezwą Twojego imienia, zostaną zbawieni.

Dziękuję Ci, Panie, że wstawiłeś N. do mojego serca, abym mógł z miłością i szczerą chęcią złożyć Ojcu Twoją ofiarę, aby go pociągnęła Twoja miłość z krzyża, aby Twoja łaska oświeciła mu rozum i serce.

Modlitwa

Ojcze Niebieski, proszę Cię, pociągnij go ku miłości Swojego Syna, który na krzyżu ofiarował się dla jego zbawienia.

Podaruj mu łaskę, aby mógł i chciał przyjąć Go za króla swojego serca; za swojego osobistego Zbawiciela i Odkupiciela – aby Jezus wskrzesił go w dniu ostatecznym.

Nikt nie może dojść do Jezusa, Zbawiciela i Odkupiciela, jeśli go nie pociągniesz, Ojcze, Ty, który zesłałeś Go na świat.

Proszę Cię, Ojcze, w imię Jezusa, podaruj mu światło swojego Ducha, aby mógł i chciał wyraźnie widzieć prawdziwe zamierzenia (motywy) swojego serca, według których żył; aby mógł i chciał szczerze żałować za własne grzechy; aby mógł zwrócić się z prośbą i przyjąć Twoje przebaczenie.

Podaruj mu, Panie, łaskę, aby mógł i chciał widzieć tych, których zranił swoim grzechami; aby mógł i chciał modlić się za nich sercem.

Proszę Cię, Ojcze, w imię Jezusa, podaruj mu łaskę, aby mógł i chciał przebaczyć wszystkim, którzy go w ciągu życia zranili, wszystkim, którzy pozbawili go miłości i szacunku.

Proszę Cię, podaruj mu łaskę, aby mógł i chciał przebaczyć sobie samemu.

Panie, niech Twoja łaska nieustannie go dotyka, aby był wolny od ataku Złego, aby był wolny od pychy i urazy oraz wszystkiego, co mogłoby utrudniać mu przyjęcie Twojej łaski.

Panie, proszę Cię, Ty znajdź sposób, dzięki któremu dotrzesz do jego serca.

Proszę Cię, Ojcze, w imię Jezusa, napełnij jego duszę Swoim świętym pokojem i Swoją radością.

Podaruj mu, dzięki łasce Ducha Świętego, chęć składania Ci dzięki, wysławiania Cię i błogosławienia.

Proszę Cię, Panie, podaruj mu łaskę, aby mógł i chciał umrzeć pokrzepiony świętymi sakramentami.

Proszę Cię, Panie, doprowadź go do Swojego królestwa miłości, sprawiedliwości i pokoju.

Wyznanie wiary

Panie Jezu, Ty ustanowiłeś sakrament Eucharystii, abyśmy wciąż na nowo mogli owocnie uczestniczyć w Twojej ofierze i abyśmy mogli z niej czerpać owoce odkupienia, owoce Twojej miłości i miłosierdzia.

Dziękuję Ci, że przychodzisz w Eucharystii jako prawdziwy Bóg i człowiek, abyśmy i my mogli, niczym chorzy, cierpiący i grzesznicy z Ewangelii, przyjść do Ciebie i otrzymać Twoją łaskę.

Odkupiłeś nas, Jezu, od kary za grzechy; odkupiłeś naszą upadłą naturę, skłonną do grzechu i zniewoloną przez egoizm.

Twoja ofiara jest doskonała, a od nas, ludzi, oczekujesz, byśmy złożyli ją Ojcu za nas samych i innych.

Panie, mocno wierzę w to, że w Eucharystii spożywam Twoje Ciało i Twoją Krew, spożywam Ciebie, Baranka ofiarnego, który za nas zostałeś zabity.

Wierzę w to, Panie, że w ten sposób rzeczywiście będę uczestniczyć w Twojej odkupicielskiej Ofierze, ofiarując ją Ojcu za własne potrzeby i potrzeby innych.

Wierzę w to, że Ty, Jezu, wchodzisz do mnie ze swoją Boską i ludzką miłością.

I ja, Panie, chcę przebywać w Tobie z całą swoją ludzką nędzą.

Wierzę, Panie, w to, że przychodzisz do mnie tak blisko, by dzięki Twojej łasce, moje serce napełniło się ufnością w Twoje niezmierzone miłosierdzie i abyś napełnił mnie miłością do Ciebie i do N.; abyś, wspólnie ze mną, złożył za niego swoją ofiarę Ojcu.

Modlitwa o pomoc

Duchu Święty, proszę Cię, byś mnie prowadził przez tą Mszę Świętą.

Pomóż mi, dzięki Twojej łasce, utrzymywać moje myśli w harmonii z moimi słowami.

Pomóż mi, by N., dzięki Twojej łasce, był w moim sercu podczas całej Mszy Świętej.

Dziękuję Ci, Duchu Święty, za pomoc, ponieważ bez Twojej łaski nie umiemy właściwie się modlić, bez Twojej łaski nie jesteśmy w stanie wierzyć sercem i nie możemy kochać w sposób czysty.

Mój Aniele Stróżu, czuwaj nad moimi myślami podczas Mszy Świętej, aby były z Bogiem i w Bogu.

Święta Maryjo, Matko Boża, Królowo Pokoju, módl się za mnie, który ofiaruję, i za N., za którego składam ofiarę Twojego Syna.

Ty, Maryjo, jesteś najgłębiej związana z męką i śmiercią Jezusa: stałaś pod Jego krzyżem, byłaś Jego pociechą i siłą w najtrudniejszych dla Niego chwilach, przeżyłaś całą głębię bólu, który pozostał ukryty przed innymi ludźmi.

Miecz boleści przeszył Twoje serce, Maryjo, abyś mogła pomóc nam, słabym i grzesznym, odkryć prawdziwe zamierzenia naszych serc, odkryć prawdziwe motywy, według których żyjemy oraz pomóc nam żałować za własne grzechy.

Dlatego Maryjo, nie mogę złożyć Ojcu ofiary Twojego Syna, nie złożywszy jednocześnie Twojej ofiary, nie złożywszy ofiary wszystkich tych, którzy na przestrzeni wieków łączą swoje cierpienie z cierpieniem Twojego Syna oraz nie złożywszy mojego cierpienia, które ja też chcę łączyć z cierpieniem Twojego Syna za zbawienie N..

Święta Maryjo, Matko Boża, wstaw się za swoim umierającym synem N., za czyje zbawienie składam Ojcu Ofiarę Jezusową.

Niech Twoja miłość, Maryjo, dotrze do tych części jego duszy, które nie będą mogły odeprzeć się Twojej matczynej miłości.

Niech Twoja miłość, Maryjo, przyciągnie N. do Twojego Syna, Jezusa, aby mógł uwierzyć w Jego miłosierdzie i wezwać Jego imienia.

Uproś mi, Maryjo, łaskę, abym i ja coraz głębiej poznawał sens ofiarowania własnych wyrzeczeń i cierpień, abym z jak największą wiarą i miłością mógł składać ofiarę Jezusową za dusze potrzebujące łaski odkupienia.

Święty Józefie, Ty doświadczyłeś łaski błogosławionej śmierci, ponieważ żyłeś sprawiedliwie, ponieważ wierzyłeś Zbawiciela, ponieważ Jezus i Maryja byli blisko Ciebie w chwili twojej śmierci.

Święty Józefie, nadziejo konających, módl się za N., aby mógł umrzeć w pokoju, pokrzepiony świętym sakramentami, usprawiedliwiony krwią Baranka i otoczony aniołami Bożymi.

Święci Apostołowie Piotrze i Janie, św. Franciszku z Asyżu, św. Klaro, św. Franciszku Ksawery, św. Tereso z Avila, św. Tereso od Dzieciątka Jezus, św. Ojcze Pio, św. Janie Pawle II, św. Faustyno Kowalska, wszyscy święci, przez czyje wstawiennictwo N. kiedykolwiek się modlił, pomóżcie mu, miłując go przed tronem Bożym.

(Przypomnij sobie też innych świętych, do których się modlisz.)

Dusze w czyśćcu, módlcie się za N., pomóżcie mu, by osiągnął zbawienie.

Módlcie się i za mnie, bym w Ofierze Mszy Świętej uczestniczył tak żarliwie, tylko jest to możliwe.

Ja będę modlić się Panu za was, dusze czyśćcowe, świadom że i ja także pewnego dnia będę prawdopodobnie wołał z Czyśćca.

Medytacja komunijna

Panie Jezu, Baranku Boży, N. prawdopodobnie nie jest godzien, abyś wszedł pod jego dach, nie jest godzien, abyś wszedł do jego duszy, lecz z całego serca błagam Cię, abyś napełnił go Swoją obecnością.

Ponieważ, Panie, jak sam z siebie stanie się tego godny?

Panie, jak sam rozpali światło swej duszy, kiedy Ty jedyny jesteś Światłem, kiedy tylko Ty możesz oświecić jego rany, kiedy tylko Ty możesz sprawić, że może widzieć, słyszeć i rozumieć sercem - aby szczerze żałował za grzechy i otrzymał Światło?

Jak, Panie, będzie przebaczać bez Twojej łaski, jak będzie szczerze żałować grzechy, jak będzie się modlić z wiarą, jak będzie się zbawić?

Panie, bez Ciebie, który jesteś jedynym prawdziwym Pokojem, jak uspokoi swoją duszę?

Panie, jak będzie żyć jego dusza, jeśli Ty, który jesteś Życiem, nie będziesz w niej mieszkać?

Jak, Panie, jego dusza będzie miłować, jeśli nie przebywa w niej Miłość?

Panie, jak będzie Ci składać dzięki, jak będzie Cię wysławiać, jak będzie Cię błogosławić, jeśli jego dusza nie zakosztuje Twojej świętej obecności, jeśli nie doświadczy Twojego świętego pokoju, jeśli nie skosztuje Twojej radości?

Wejdź, Panie, jako jego Odkupiciel i Zbawiciel, jako jego nauczyciel, i bądź królem jego serca.

Wejdź, Jezu, powiedz Słowo, a żyć będzie jego dusza.

Wejdź, Jezu, do jego serca, pociągnij go do swojego krzyża, niech odda Ci swoje grzechy, niech odda Ci swoje serce.

Wejdź, Jezu, i doprowadź go do Swojego królestwa miłości, sprawiedliwości i pokoju.

Chwalę Cię, mój Boże, wysławiam Cię i błogosławię.

Wielbię Cię i dzięki Ci składam za Twoją wielką dobroć.

Albowiem tylko Tyś sam jest święty.

Tylko Tyś jest Panem.

Tylko Tyś najwyższy, Jezu Chryste.

Z Duchem Świętym, w chwale Boga Ojca.

Amen.

DODATEK

Jestem przekonany, że w ten sposób można ofiarować Mszę Świętą również za tych, którzy już umarli, bez względu na to, ile czasu minęło od ich śmierci na ziemi. Bóg z góry dostrzegł naszą szczerą ofiarę przebłagalną i myślę, że nie ma powodu, aby jej nie zaakceptował. Jest to szczególnie ważne dla tych, którzy zmarli bez przyjęcia sakramentów oraz tych, którzy zmarli w szczególnie trudnych okolicznościach i dla wszystkich, co do których nie jesteśmy pewni, czy zmarli w stanie łaski.

Myślę, że ofiarowanie Mszy w tej intencji jest aktem wielkiego miłosierdzia dla absolutnie każdej osoby, za którą zdecydujemy się ją ofiarować. Z pewnością każdy z nas w chwilach odejścia z tego świata chciałby mieć kogoś, kto się będzie za niego wstawiał przed Jezusem z wiarą i miłością. Jest to powód, dla którego pod koniec każdej *Zdrowaś Maryjo* prosimy Najświętszą Maryję Pannę, by modliła się za nas grzeszników w godzinę naszej śmierci.

Ponieważ wielokrotnie zachęcano mnie do ofiarowania Mszy Świętej w tej intencji osób, które od dawna nie żyją, jestem głęboko przekonany, że w ten sposób otrzymaliśmy niesamowitą możliwość owocnego uczestnictwa w zbawieniu wielu dusz dla nieba, zwłaszcza tych, które bez naszego wstawiennictwa nie miałyby żadnej szansy na zbawienie. Pamiętajmy o tych, o których wiemy, że zmarli bez sakramentu spowiedzi, ale także o tych, którzy umierali samotnie, bez rodziny i przyjaciół, o tych, którzy umierali w bólu, w nienawiści, z poczuciem odrzucenia, winy i rozczarowania, o tych którzy popełnili samobójstwo.

Kiedy ofiaruję Mszę w tej intencji, Duch Święty wpisuje mi w serce także inne osoby, zachęcając mnie, abym „dołączył" ich do tej samej intencji. Głęboko wierzę, że dla czyjegoś zbawienia czasami wystarczy jedna jedyna szczera modlitwa pochodząca prosto z serca. A całym sercem modlimy się wtedy, kiedy jesteśmy w Bogu.

Za własne uzdrowienie

(Rozpocznij znakiem krzyża.)

Niech to przygotowanie odbywa się w imię Ojca i Syna i Ducha Świętego! Amen.

Niech Twoja łaska będzie ze mną, Panie Jezu Chryste, Twoja miłość, Boże Ojcze i Twoje kierownictwo, Duchu Święty.

Intencja

Wiekuisty Ojcze, składam Ci ofiarę Twojego umiłowanego Syna, naszego Pana, Jezusa Chrystusa, za odkupienie od mojej choroby.

(W sercu jeszcze raz uświadom sobie o jaką chorobę lub o jakie choroby chodzi.)

Podziękowanie za dar życia

Dziękuję Ci, Panie, za dar życia, który mi podarowałeś.

Ty mnie cudownie zaprojektowałeś i stworzyłeś na swój obraz i podobieństwo.

Stworzyłeś mnie, abym żył wiecznie dając mi okazję, by

życie na ziemi zdeterminowało, jaka czeka mnie wieczność po śmierci.

W głębi mojej duszy wpoiłeś mi miłość gotową do ofiary, gotową do przebaczenia, błogosławieństwa i dziękczynienia; gotową do dawania i udzielania pomocy.

Wpoiłeś mi miłość, której doświadczyć i żyć w pełni mogę tylko w Tobie.

Ojcze Niebieski, Ty z bezgraniczną miłością uznałeś mnie w sakramencie chrztu za swojego przybranego syna i zaprosiłeś mnie do tego, bym tę miłość podczas życia odkrywał i żył z pomocą Ducha Świętego.

Dziękuję Ci, Panie, za wybranie czasu i miejsca, w którym się urodziłem.

(Przypomnij sobie dzień i miejsce swojego urodzenia.)

Dziękuję Ci, że wybrałeś mi rodzinę i okoliczności życiowe, w których się urodziłem.

(Przypomnij sobie każdego członka rodziny z osobna.)

Dziękuję Ci, Panie, za wszystkie dni, w których cieszyłem się błogosławieństwem zdrowia.

Podziękowanie za dobrodziejstwa

Dziękuję Ci za każdą osobę, która była dla mnie w życiu ważna.

(Przypomnij sobie wybrane osoby.)

Dziękuję Ci za wszystkich tych, którzy czynili mi dobro.

(Przypomnij sobie niektóre z tych osób.)

Dziękuję Ci, Panie, za tych, którzy byli dla mnie wzorem wiary w Ciebie; za tych, którzy mnie uczyli i mówili mi o Tobie.

(Przypomnij sobie niektóre z tych osób.)

Dziękuję Ci, Panie, za wszystkich tych, którzy dbają o nas, chorych; dziękuję Ci za lekarzy, pielęgniarki i opiekunów.

Dziękuję Ci za wszystkich tych, którzy starają się znaleźć nowe lekarstwa.

Dziękuję Ci za tych, którzy się za nas modlą, dają nam świadectwo swojej wiary i składają Tobie różne ofiary za nas.

Szczególnie dziękuję Ci za tych, którzy troszczą się o mnie osobiście.

(Przypomnij ich sobie i podziękuj za każdego z nich.)

Dziękuję Ci, umiłowany Ojcze, że posłałeś swojego anioła, aby mi służył, pomagał mi we wszystkim, abym i ja mógł odziedziczyć zbawienie.

(Teraz podziękuj swojemu aniołowi własnym słowami.)

Dziękuję Ci za pomoc świętych, którzy chętnie odpowiadają na modlitwy, które im składamy ufając, że wstawią się za nas i pomogą nam.

(Teraz podziękuj każdemu świętemu, do którego się modlisz.)

Dziękuję Ci najbardziej za pomoc i wstawiennictwo Twojej i mojej Matki, Najświętszej Maryi Panny.

(Przynajmniej raz, z całego serca odmów Zdrowaś Maryjo i podziękuj jej za wszystko, co dla ciebie zrobiła.)

Panie, chcę podziękować Ci za wszystkie inne dobra, które otrzymałem od Ciebie do tej pory.

(Spróbuj podziękować za jak najwięcej dóbr, a zwłaszcza za to, za co nigdy wcześniej mu nie podziękowałeś. Pozostań teraz krótko w dziękczynieniu i kontynuuj, gdy tylko będziesz mieć okazję być sam na sam z Panem.)

Podziękowanie za Bożą bliskość

Dziękuję Ci, Zbawicielu mój, że jesteś gotów włączyć się w każdą sytuację w moim życiu, w której wzywam Cię całym sercem.

(Wzywaj teraz Jezusa w swoją sytuację wołając całym sercem.)

Ty, Panie, darowałeś mi Ducha Świętego, abym wciąż na nowo mógł napełniać się Jego miłością, abym mógł przychodzić do Ciebie, wchodzić w Twoją obecność i trwać w Tobie.

(Wzywaj teraz Ducha Świętego całym sercem, aby wprowadził cię w Bożą obecność.)

Kiedy przebywam w Twojej obecności, mój Boże, Ty dajesz mi odpoczynek, wyzwalasz mnie i ozdrawiasz mój duch, duszę i ciało.

Kiedy jestem w Twojej obecności, Ty mnie uczysz i zmieniasz.

Kiedy jestem w Twojej obecności, dajesz nam swoją miłość, dzięki której mogę wszystkim przebaczyć i ofiarować się za każdego.

Kiedy jestem w Twojej obecności, nasz Odkupicielu, dajesz mi wiarę serca, dzięki której mogę modlić się w intencjach innych osób.

Kiedy jestem w Twojej obecności, dajesz mi siłę woli, abym był w stanie odeprzeć grzech i wytrwać na drodze zbawienia.

Kiedy jestem w Twojej obecności, wiekuisty Ojcze, napełniasz mnie swoim pokojem i radością.

Panie, kiedy nie jestem z Tobą często nie jestem Ci wdzięczny i często popadam w grzech; często próbuje usprawiedliwiać swoje grzechy, często mój żal za grzechy nie jest szczery.

Dziękuję Ci, że mnie zachęcasz, abym Cię szukał i odnalazł: w modlitwie, w *Piśmie Świętym*, w sakramentach, w natchnionych książkach, w bliźnich potrzebujących Twojego miłosierdzia...

Podziękowanie za zbawienie

Panie, Ty ofiarujesz mi swoją obfitość życia, ofiarujesz mi siebie samego, a ja zbyt często wybieram swoją drogę ku obfitości i bożków, którym daję pierwszeństwo zamiast dać je Tobie i moim bliźnim.

Wiem, Panie, że bez Ciebie, bez Twojego przebaczenia, nie mogę zostać zbawiony.

Dlatego dziękuję Ci, Ojcze, że dałeś swojego Jednorodzonego Syna, Jezusa Chrystusa, aby każdy, kto w Niego wierzy, nie zginął, ale miał życie wieczne.

Dziękuję Ci, Jezu, że zapłaciłeś za mnie karę za moje grzechy i winy.

Dziękuję Ci, że cierpiąc i umierając na krzyżu, chcesz wziąć na siebie także mój ból i moje upokorzenia, moje zranienie i moje poczucie odrzucenia.

Dziękuję Ci, że chcesz wziąć na siebie także moją winę, moją bezradność i moje lęki.

Dziękuję Ci, że chcesz zabrać moje choroby i wyleczyć mnie swoimi ranami.

Dziękuję Ci, Panie, za Twoją ogromną miłość do wzgardzonych, odrzuconych, chorych i wszystkich innych cierpiących.

Dziękuję Ci za Twoją miłość do nas grzeszników.

Żal za grzechy

Jezu na krzyżu ukrzyżowany, przynoszę Ci mój żal.

Tylko Ty, Jezu, wiesz, jak byłem Ci niewdzięczny za te wszystkie dni, w których miałem błogosławieństwo zdrowia.

Wybacz mi.

Tylko Ty, Ojcze Święty, wiesz, jak wykorzystywałem zdrowie, kiedy je miałem.

Wybacz mi.

Tylko Ty, Panie, wiesz, jak bardzo moje grzechy przyczyniły się do pojawienia się tej choroby.

Panie, tylko Ty wiesz, jak bardzo zagroziłem swojemu zdrowiu nieporządnym i nieodpowiedzialnym życiem.

Tylko Ty, Jezu, wiesz, ile razy zgrzeszyłem myślą, słowem i czynem.

Tylko Ty, Panie, wiesz, ile razy zgrzeszyłem przeciwko Tobie, przeciwko sobie i moim bliźnim.

Tylko Ty, mój Boże, wiesz, ile bólu im sprawiłem.

(Zatrzymaj się i przypomnij sobie niektóre swoje grzechy, szczególnie te, za które nigdy nie odpokutowałeś i odpraw pokutę.)

Wybacz mi, Panie, i proszę Cię, byś podarował łaskę tym, których raniłem, aby byli w stanie mi wybaczyć.

Proszę Cię, byś odkupił ich od skutków moich grzechów,

uleczył ich rany i swoją łaską wynagrodził im za ból, który im zadałem.

Wybacz mi, Panie, że nie przychodziłem do Ciebie po pomoc w pokusach, nie wchodziłem w modlitwę, w Twoją obecność, która jedynie mogła mnie uchronić przed pokusami, których sam nie mogłem odeprzeć.

Wyrzeczenie się diabelskich czynów

Proszę Cię, Panie, wybacz mi każdy, i najmniejszy kontakt z diabłem.

Przypomnij sobie takie grzechy i żałuj z całego serca.

Panie, Boże moj, jestem świadom tego, że znajduje się w Twojej obecności, w Twojej całkowitej ochronie, z całej swej istoty wyrzekam się wszelkiego działania sił diabelskich i błagam Cię, abyś uwolnił mnie całkowicie swoją drogocenną krwią:

- od każdego wpływu wróżbiarstwa

- od każdego wpływu czarów

- od każdego wpływu wzywania złych mocy

- od każdego wpływu wieszczbiarstwa

- od każdego wpływu uroków

- od każdego wpływu klątw

(Cicho powtarzam w sercu: Wyrzekam się, wyrzekam się, wyrzekam się, wyrzekam się, wyrzekam się, wyrzekam się, wyrzekam się...)

Jezu, proszę Cię, abyś oddalił ode mnie każdego ducha sprawcy choroby i zabronił mu powrotu.

Niech Twoja krew, Panie, oczyści moje sumienie i moją duszę ze wszystkich nieczystości, ponieważ chcę być czysty przed Tobą, ponieważ chcę, abyś Ty był jedynym królem mojego serca i całego mojego życia.

(Powtarzaj cicho w sercu: Jezu, bądź moim królem, bądź moim królem, Jezu, bądź moim królem, Jezu...)

Przebaczenie

Panie, tylko Ty wiesz, ile razy zaniedbałem wybaczenie wobec tych, którzy mnie skrzywdzili.

Tylko Ty wiesz, ile razy z powodu dumy i poczucia zranienia nie chciałem tego zrobić.

Panie, wiele razy chciałem wybaczyć, ale z powodu zbyt dużego bólu nie mogłem.

Panie, Ty powiedziałeś nam, że bez Ciebie nic nie możemy zrobić.

Przebacz mi, że nie przyszedłem wtedy do Ciebie w modlitwie, aby Twoja łaska pomogła mi przebaczyć.

Panie, Ty powiedziałeś, że nam przebaczysz, tak jak my przebaczymy tym, którzy nas skrzywdzili.

Dlatego, Panie, teraz naprawdę chcę wybaczyć każdemu, kto mnie skrzywdził w jakikolwiek sposób.

Chcę wybaczyć tym, o których wiem, że mnie skrzywdzili, ale także tym, o których nie wiem, że zgrzeszyli przeciwko mnie.

Jezu, chcę przebaczyć i, dzięki Twojej łasce, prawdziwie przebaczam tym, którzy są smutni i pokutujący, ale także tym, którzy nie okazują skruchy i którzy z jakiegokolwiek powodu nie żałują, że mnie zranili lub nadal to robią.

Dobry Boże, wybaczam także tym, którzy nie byli świadomi, że mnie ranią.

Panie, szczególnie zależy mi na przebaczeniu moim rodzicom.

Wiem, Panie, że wiele razy nie byli świadomi, że zadają mi ból i często nie umieli lub nie mogli traktować mnie w lepszy sposób.

Chcę wybaczyć ojcu i matce wszystkie sytuacje, w których nie czułem się akceptowany:

- sytuacje, w których zostałem od nich oddzielony (opuszczony)

- sytuacje, w których mi nie wierzyli

- sytuacje, w których mnie nie chronili

- sytuacje, w których zostałem niesprawiedliwie ukarany

- sytuacje, w których mnie nie wspierali

- sytuacje, w których nie pokazali mi bliskości, czułości i intymności, których wtedy bardzo potrzebowałem.

Chcę wybaczyć mojemu ojcu i matce wszystkie ich oczekiwania, z którymi nie umiałem, nie byłem w stanie lub nie chciałem sobie poradzić.

Chcę im wybaczyć sytuacje, w których zranili mnie swoimi słowami.

Chcę wybaczyć ojcu i matce sytuacje, w których czułem się mniej kochany niż mój brat lub siostra.

Chcę im wybaczyć sytuacje, w których czułem się z ich powodu upokorzony i zawstydzony.

Jezu, chcę im wybaczyć, że nie postarali się, by mnie wystarczająco poznać, nie poświęcili mi wystarczająco dużo swojego czasu i uwagi.

Wybaczam im, Jezu, i wszystko, co uczynili źle innym, wybaczam im wszystkie chwile słabości, samolubstwa, skąpstwa, nieumiarkowania...

W szczególny sposób przedkładam Ci to, co mnie najbardziej zraniło.

(Spróbuj sobie przypomnieć najbardziej bolesne sytuacje związane z rodzicami i przebacz im.)

Panie, przedkładam Ci innych ludzi, którzy mnie skrzywdzili i sprawili, że poczułem się odrzucony i mniej wartościowy.

(Przypomnij sobie braci, dziadków, przyjaciół, nauczycieli, małżonków, dzieci, współpracowników i szefów, osoby, w których byłeś zakochany; osoby, które cię gnębiły...)

Panie, przebaczam, ponieważ ja również często popełniam takie same grzechy, ponieważ również chcę, aby i mnie zostało przebaczone.

Jezu, przebaczam, ponieważ chcę, aby moje serce było czyste, ponieważ chcę żyć w Twoim świętym pokoju.

Ojcze nasz, przebaczam wszystkim, ponieważ stworzyłeś nas z miłością i tęsknisz, aby każdy z nas grzeszników nawrócił się i żył.

(Powtarzaj w sercu przez krótki czas: „Przebaczam, przebaczam, przebaczam..." Niech Duch Święty w tym czasie przywoła ci w myślach osoby, którym powinieneś przebaczyć.)

Panie, przebaczam sobie wszystko to, co już mi przebaczyłeś w swojej miłości, przebaczam, bo wiem, że Ty też chcesz, abym sobie przebaczył.

(Przypomnij sobie teraz swoje najgorsze grzechy i przebacz sobie.)

Jezu, wierzę, że w spotkaniu z Tobą w Eucharystii, w spotkaniu z miłością, z jaką nas miłowałeś na krzyżu, doświadczę pełni łaski przebaczenia.

Modlitwa za uzdrowienie

Ty, Panie Jezu, przyszedłeś, aby przynieść wytchnienie zmęczonym i obciążonym, przyszedłeś uleczyć złamane serca, przyszedłeś uleczyć każdą chorobę i każdą bezsilność ludu, przyszedłeś, abyś odkupił i uwolnił wszystkich dręczonych przez Diabła; przyszedłeś, abyś głosił czas łaski Pańskiej.

Ty, Jezu, jesteś taki sam wczoraj, dziś i jutro.

Ty, Jezu, również dzisiaj chodzisz po ziemi, czyniąc dobro tym, którzy do Ciebie przychodzą, i dlatego moje oczy zwracają się ku Tobie.

Panie, Ty wiesz, jakimi cierpieniami psychicznymi jestem zniewolony, Ty wiesz, które cierpienia przynoszą mi wewnętrzny niepokój, Ty wiesz, które cierpienia odbierają mi radość.

Ty, Panie, wiesz, które rany serca negatywnie wpływają na moją chorobę.

Panie, ulecz mnie, uzdrów mnie i uwolnij.

Ty, Jezu, wiesz, z powodu których ran nie mogę szczerze, tak jak bym chciał, kochać moich bliźnich, z powodu których ran nie mogę pozwolić im całkowicie, by oni kochali mnie.

Proszę Cię, Panie, uwolnij mnie także od negatywnych uczuć wynikających ze zranienia i braku przebaczenia: uwolnij mnie od poczucia odrzucenia, od poczucia niższości, od poczucia winy; uwolnij mnie od rozczarowania, rozgoryczenia i użalania się nad sobą; uwolnij mnie od lęków, depresji i niepokoju.

Odkup mnie, Panie, ulecz mnie i uwolnij.

Weź, Panie, moje cierpienia.

Panie Jezu Chryste, oddaję Ci moją chorobę, oddaję Ci swoje życie i proszę Cię, abyś wszedł do mojego serca jako mój Odkupiciel i Zbawiciel; proszę Cię, abyś wszedł w moje życie jako lekarz mojej duszy i całej mojej istoty.

Niech będzie wola Twoja.

Bądź królem mojego serca i mojego życia.

Ty, Panie, możesz podarować mi zdrowie i szansę na nowe życie.

Ty, Panie, możesz podarować mi poznanie wartości cierpienia połączonego z Twoją męką, i w ten sposób nadać mojemu życiu nowy sens.

Ty, Panie, możesz wezwać mnie do Twojego wiecznego królestwa miłości, sprawiedliwości i pokoju.

Panie, jeśli mnie uzdrowisz, udzielisz mi łaski, abym wykorzystał swoje zdrowie dla wiecznego dobra.

Jeśli, Panie, udzielisz mi łaski poznania wartości cierpienia, udziel mi jej w tajemnicy i poniżeniu, aby moje serce nie uniosło się pychą.

Jeśli, Panie, wezwiesz mnie do siebie, podaruj moim bliźnim poznanie, że, ja, dzięki swojemu za nich wstawiennictwu, zawsze będę z nimi; że śmierć nie jest stratą, a jedynie rozstaniem, aż spotkamy się ponownie w niebie. Podaruj moim bliźnim mocną wiarę w Ciebie i życie wieczne - aby nasza radość w wieczności była pełna.

Umiłowany Ojcze, proszę Cię, podczas gdy Ci składam ofiarę Twojego Syna, udziel mi Twojego świętego pokoju, udziel mi łaski cierpliwości i łaski znoszenia, i ofiarowania cierpienia.

Ojcze Niebieski, oczekując Twojego odkupienia, chcę zjednoczyć swoje cierpienie z odkupieńczą ofiarą Jezusa i ofiarować go tym, których zraniłem swoimi grzechami, a także innym chorym i cierpiącym, którzy potrzebują Twojego miłosierdzia.

Podaruj mi przy tym Twoją mądrość, tajemnicę i poniżenie.

Wyznanie wiary

Panie, wierzę, że podczas Mszy Świętej będę słuchać Twojego słowa, wierzę, że przemówisz do mnie, wierzę, że mnie pouczysz, pocieszysz i dodasz mi odwagi.

Panie, wierzę, że będziesz mnie pociągać do Siebie podczas całej Mszy.

Wierzę, że chcesz aby moje myśli i serce podczas całej Mszy Świętej były skierowane do Ciebie; wierzę, że chcesz, abym całą swoją istotą zanurzył się w Ciebie.

Jezu, Zbawicielu mój, wierzę, że chcesz, abym doświadczył Twojego świętego pokoju, Twojej dobroci, Twojej bliskości, Twojej opieki; wierzę, że chcesz, abym we Mszy Świętej doświadczył Twojej świętej obecności.

Panie, Jezu Chryste, mój Zbawicielu i Odkupicielu, mocno wierzę, że w Komunii spożywam Twoje Ciało i Twoją Krew, spożywam Ciebie, Baranka ofiarnego, który za nas zostałeś zabity.

Wierzę, Jezu, że dzięki Komunii wchodzisz do mnie jako prawdziwy Bóg i człowiek, ze swoją boską i ludzką miłością.

I ja, Panie, chcę wchodzić do Ciebie z całą swoją ludzką nędzą.

Wierzę, że Komunia, dzięki której Ty jesteś we mnie i ja w Tobie, jest źródłem i centrum mojego życia.

Wierzę, Panie, że, spożywając Ciebie, Baranka ofiarnego, rzeczywiście będę uczestniczyć w Twojej odkupieńczej ofierze, składając ją Ojcu we własnych intencjach i intencjach innych osób.

Panie, wierzę, że, dzięki cudowi Eucharystii, chcesz przenieść mnie na Golgotę, wierzę, że chcesz, abym w duchu uczestniczył w chwilach Twego umierania na krzyżu.

Chcę, Panie, przytulić się do Ciebie, do Twojego krzyża i oddać Ci swoją chorobę.

Chcę, Jezu, oddać Ci potrzeby także tych, za których Cię proszę.

(Przypomnij sobie te osoby, którym chcesz przekazać Bożą łaskę odkupienia, szczególnie znajome chore osoby.)

Chcę, Panie, w tych chwilach poświęcić Ci cała swoją uwagę, chcę Cię miłować całą swoją istotą, chcę oddać się całkowicie Twojej dobroci i miłości.

Boże mój, chcę Ci składać dzięki, wysławiać Cię i cieszyć się z Twojej świętej obecności.

Chcę, Jezu, miłując Cię w tych chwilach, uczyć się miłować swoich bliźnich.

Błogosławię Cię, Panie, błogosławię Twoją łaskawą obecność, której doświadczę w Mszach, w których będę składać Ojcu tą intencję, dopóki się nie wypełni.

Dziękuję Ci, że wiem, że podczas każdej Mszy Świętej będziesz mnie przygotowywać, dopóki nie będę gotowy całkowicie Ci się oddać.

Modlitwa o pomoc

Duchu Święty, proszę Cię, byś mnie prowadził przez tą Mszę Świętą.

Pomóż mi, dzięki Twojej łasce, utrzymywać moje myśli w harmonii z moimi słowami.

Niech Twoja łaska, Duchu Święty, ogarnie mnie tak bardzo, abym zdołał naprawdę całym sercem oddać się woli Ojca i przyjąć odkupienie.

Dziękuję Ci, Duchu Święty, za pomoc, ponieważ bez Twojej łaski nie umiem i nie jestem w stanie właściwie się modlić.

Mój Aniele Strózu, czuwaj nad moimi myślami podczas Mszy Świętej, aby były z Bogiem i w Bogu.

Święta Maryjo, Matko Boża, Królowo Pokoju, módl się za mnie.

Ty, Maryjo, jesteś najgłębiej związana z męką i śmiercią Jezusa: stałaś pod Jego krzyżem, byłaś Jego pociechą i siłą w najtrudniejszych dla Niego chwilach, przeżyłaś całą głębię bólu, który pozostał ukryty przed innymi ludźmi.

Miecz boleści przeszył Twoje serce, Maryjo, abyś mogła pomóc nam, słabym i grzesznym, odkryć prawdziwe zamierzenia naszych serc, odkryć prawdziwe motywy, według których żyjemy oraz pomóc nam żałować za grzechy.

Dlatego Maryjo, nie mogę złożyć Ojcu ofiary Twojego Syna, nie złożywszy jednocześnie Twojej ofiary, nie złożywszy ofiary wszystkich tych, którzy na przestrzeni wieków łączą swoje cierpienie z cierpieniem Twojego Syna oraz nie złożywszy mojego cierpienia, które ja też chcę łączyć z cierpieniem Twojego Syna.

Ty, Maryjo, dzieliłaś z Nim ból z powodu poczucia bycia niechcianym, ból odrzucenia, pogardy, rozczarowania, opuszczenia, zdrady, wstydu...

Ty, wspólnie z Twoim Synem, doświadczyłaś jego śmiertelnego strachu i niepokoju.

Ty, moja Matko i Matko Boża, znasz wszystkie moje boleści, znasz wszystkie moje lęki, znasz wszystkie moje negatywne uczucia, znasz wszystkie moje słabości.

Ty, Maryjo, wiesz, jak bardzo wołam o pokój w duszy, jak bardzo wołam o wolność od grzechów, jak bardzo wołam o bliskość i czułość Bożą.

Ty, Maryjo, moja matko, wiesz, jak bardzo wołam o uzdrowienie.

Ty, Święta Maryjo, widziałaś i doświadczyłaś bólu Jezusa z powodu tych, za których Jego ofiara była daremna, z powodu tych, którzy nie uwierzą, nie przebaczą i nie oddadzą Mu własnych grzechów, cierpień i chorób.

Święta Maryjo, Matko Boża i Matko moja, uproś mi

łaskę, abym mógł całkowicie oddać się miłosierdziu Bożemu i przyjąć pełnię odkupienia Jezusa, aby Jego ofiara za mnie nie była daremna, aby Jego, Twoja i moja radość była pełna.

Maryjo, nie mogę składać Ojcu ofiary Twojego Syna, nie złożywszy jednocześnie Twojej ofiary, nie złożywszy ofiary wszystkich tych, którzy na przestrzeni wieków łączą swoje cierpienie z cierpieniem Twojego Syna oraz nie złożywszy mojego cierpienia, które ja też chcę połączyć z cierpieniem Chrystusa.

Uproś mi, Maryjo, łaskę, abym i ja coraz głębiej poznawał sens ofiarowania własnych wyrzeczeń i cierpień, abym z jak największą wiarą i miłością mógł składać ofiarę Jezusową za dusze potrzebujące łaski odkupienia.

Niech Twoja miłość, Maryjo, dotrze do mojej duszy i niech Twoja matczyna miłość wyzwoli mnie, abym mógł oddać się całkowicie miłosierdziu Twojego Syna Jezusa.

Święty Józefie, święty umiłowany przez Boga, módl się za mnie.

Święci Apostołowie Piotrze i Janie, św. Franciszku z Asyżu, św. Klaro, św. Franciszku Ksawery, św. Tereso z Avila, św. Tereso od Dzieciątka Jezus, św. Ojcze Pio, św. Janie Pawle II, św. Faustyno Kowalska, wszyscy święci, przez czyje wstawiennictwo kiedykolwiek się modliłem, pomóżcie mi, miłując mnie przed tronem Bożym.

(Przypomnij sobie też innych świętych, do których się modlisz.)

Dusze w czyśćcu, módlcie się za mnie, bym w Ofierze Mszy Świętej uczestniczył tak żarliwie, jak tylko jest to możliwe.

161

Medytacja komunijna

Panie Jezu, Baranku Boży, nie jestem godzien abyś wszedł pod mój dach, nie jestem godzien, abyś wszedł do mojej duszy, lecz z całego serca błagam Cię, abyś napełnił mnie Swoją obecnością.

Ponieważ, Panie, jak sam z siebie stanę się tego godny?

Panie, jak sam rozpalę światło swej duszy, kiedy Ty jesteś Światłem, kiedy tylko Ty możesz oświecić moją ciemność, kiedy tylko Ty możesz sprawić, że mogę widzieć, słyszeć i rozumieć sercem - abym szczerze żałował za grzechy i otrzymał Światło?

Jak, Panie, sam uleczę rany, które nie pozwalają mi uwierzyć Ci całym sercem i oddać Tobie całej mojej przeszłości, teraźniejszości i przyszłości?

Panie, bez Ciebie, który jesteś jedynym prawdziwym Pokojem, jak uspokoję swoją duszę?

Panie, jak będzie żyć moja dusza, jeśli Ty, który jesteś Życiem, nie będziesz w niej mieszkać?

Jak, Panie, moja dusza będzie miłować, jeśli nie przebywa w niej Miłość, jeśli nie przebywa w niej Nauczyciel?

Panie, jak będę Ci składać dzięki, jak będę Cię wysławiać, jak będę Cię błogosławić, jeśli moja dusza nie zakosztuje Twojej świętej obecności, jeśli nie doświadczy Twojego świętego pokoju, jeśli nie skosztuje Twojej radości?

Wejdź, Panie, jako mój Odkupiciel i mój Zbawiciel, jako mój nauczyciel i mój Uzdrowiciel, wejdź i bądź królem mego serca.

Wejdź, Jezu, powiedz Słowo, a żyć będzie cała moja istota.

Wejdź, Jezu, we mnie, pociągnij mnie do swojego krzyża,

przytul mnie do swojego serca, ponieważ chcę oddać Ci mój ból, ponieważ chcę oddać Ci moje zranione serce; ponieważ chcę oddać Ci moją chorobę.

Wejdź, Jezu, i naucz mnie kochać tak, jak Ty nas kochałeś.

Chwalę Cię, mój Boże, wysławiam Cię i błogosławię.

Wielbię Cię i dzięki Ci składam za Twoją wielką dobroć.

Albowiem tylko Tyś sam jest święty.

Tylko Tyś jest Panem.

Tylko Tyś najwyższy, Jezu Chryste.

Z Duchem Świętym, w chwale Boga Ojca.

Amen.

Za uzdrowienie innej osoby

(Rozpocznij znakiem krzyża.)

Niech to przygotowanie odbywa się w imię Ojca i Syna i Ducha Świętego! Amen.

Niech Twoja łaska będzie ze mną, Panie Jezu Chryste, Twoja miłość, Boże Ojcze i Twoje kierownictwo, Duchu Święty.

Intencja

Wiekuisty Ojcze, składam Ci ofiarę Twojego umiłowanego Syna, naszego Pana, Jezusa Chrystusa, za uwolnienie N. z choroby.

(Pod N. wstaw imię osoby, za którą ofiarujesz Mszę).

Podziękowanie za dar życia

Dziękuję Ci, Panie, za dar życia, który mu podarowałeś.

Ty go cudownie zaprojektowałeś i stworzyłeś na swój obraz i podobieństwo.

Stworzyłeś go, aby żył wiecznie dając mu okazję, by życie na ziemi zdeterminowało, jaka czeka go wieczność po śmierci.

W głębi jego duszy wpoiłeś mu miłość gotową do ofiary, gotową do przebaczenia, błogosławieństwa i dziękczynienia; gotową do dawania i udzielania pomocy.

Wpoiłeś mu miłość, której doświadczyć i żyć w pełni może tylko w Tobie.

Ojcze Niebieski, Ty z bezgraniczną miłością uznałeś go w sakramencie chrztu za swojego przybranego syna i zaprosiłeś go do tego, by tę miłość podczas życia odkrywał i żył z pomocą Ducha Świętego.

Dziękuję Ci, Panie, za wybranie czasu i miejsca, w którym się N. urodził.

Dziękuję Ci, że wybrałeś mu rodzinę i okoliczności życiowe, w których się urodził.

Dziękuję Ci, Panie, za wszystkie dni, w których N. cieszył się błogosławieństwem zdrowia.

Podziękowanie za dobrodziejstwa

Dziękuję Ci za każdą osobę, która była dla niego w życiu ważna.

Dziękuję Ci za wszystkich tych, którzy czynili mu dobro.

Dziękuję Ci, Panie, za tych, którzy byli dla niego wzorem wiary w Ciebie; za tych, którzy go uczyli i mówili mu o Tobie.

Dziękuję Ci, Panie, za wszystkich tych, którzy dbają o chorych; dziękuję Ci za lekarzy, pielęgniarki i opiekunów.

Dziękuję Ci za wszystkich tych, którzy starają się znaleźć nowe lekarstwa.

Dziękuję Ci za tych, którzy się za chorych modlą, dają im świadectwo swojej wiary i składają Tobie różne ofiary za nich.

Szczególnie dziękuję Ci za tych, którzy troszczą się o N..

Dziękuję Ci, umiłowany Ojcze, że posłałeś N. swojego anioła, aby mu służył, pomagał mu we wszystkim, aby i on mógł odziedziczyć zbawienie.

Dziękuję Ci za pomoc świętych, którzy chętnie odpowiadają na modlitwy, które im składamy ufając, że wstawią się za nas i pomogą nam.

Dziękuję Ci najbardziej za pomoc i wstawiennictwo Twojej i mojej Matki, Najświętszej Maryi Panny.

(Przynajmniej raz, z całego serca odmów Zdrowaś Maryjo i podziękuj jej za wszystko, co dla niego zrobiła do tej pory.)

Panie, chcę podziękować Ci za wszystkie dobra, które N. otrzymał od Ciebie.

Podziękowanie za Bożą bliskość

Dziękuję Ci, Zbawicielu mój, że jesteś gotów włączyć się w każdą sytuację w naszym życiu, w której wzywamy Cię całym sercem.

(Wzywaj teraz Jezusa o pomoc w położeniu N., wołając całym sercem, aby Pan się nad nim zmiłował.)

Ty, Panie, darowałeś nam Ducha Świętego, abyśmy wciąż na nowo mogli przychodzić do Ciebie, wchodzić w Twoją obecność i trwać w Tobie.

(Wzywaj teraz Ducha Świętego całym sercem, wołając o Jego pomoc.)

Kiedy przebywamy w Twojej obecności, mój Boże, Ty dajesz nam odpoczynek, wyzwalasz nas i uzdrawiasz nasz duch, duszę i ciało.

Kiedy jesteśmy w Twojej obecności, Ty nas uczysz i zmieniasz.

Kiedy jesteśmy w Twojej obecności, dajesz nam swoją miłość, dzięki której możemy wszystkim przebaczyć i ofiarować się za każdego.

Kiedy jesteśmy w Twojej obecności, nasz Odkupicielu, dajesz nam wiarę serca, dzięki której możemy modlić się w intencjach innych osób.

Kiedy jesteśmy w Twojej obecności, dajesz nam siłę woli, abyśmy byli w stanie odeprzeć grzech i wytrwać na drodze zbawienia.

Kiedy jesteśmy w Twojej obecności, wiekuisty Ojcze, napełniasz nas swoim pokojem i radością oraz dajesz nam swoją obfitość życia.

Kiedy jesteśmy w Twojej obecności, Panie, otwierasz nasze serca, abyśmy mogli oddać Ci się w pełnej wolności; abyśmy mogli przyjąć Cię jako naszego Zbawiciela i Odkupiciela, jako króla naszych serc; otwierasz nasze serca, abyśmy mogli przyjąć Cię jako lekarza naszej duszy, naszego ducha i ciała.

Dlatego proszę Cię teraz, Jezu, przyciągnij N. swoją miłością i podaruj mu łaskę, aby mógł i chciał w modlitwie przychodzić do Ciebie, wchodzić w Twoją obecność, wchodzić w Twoje serce i trwać w Tobie.

Proszę Cie, Panie, podaruj mu łaskę uzdrowienia z choroby.

Podziękowanie za zbawienie

Panie, Ty ofiarujesz nam swoją obfitość życia, ofiarujesz nam siebie samego, a my zbyt często wybieramy naszą drogę ku obfitości i bożków, którym dajemy pierwszeństwo zamiast dać je Tobie i naszym bliźnim.

Wiem, Panie, że bez Ciebie, bez Twojego przebaczenia, nie możemy zostać zbawieni.

Dlatego dziękuję Ci, Ojcze, że dałeś swojego Jednorodzonego Syna, Jezusa Chrystusa, aby każdy z nas, kto w Niego wierzy, nie zginął, ale miał życie wieczne.

Dziękuję Ci, Jezu, że zapłaciłeś za każdego z nas karę za nasze grzechy i nasze winy.

Dziękuję Ci, że cierpiąc i umierając na krzyżu, wziąłeś na siebie także ból i upokorzenia N., jego zranienia i lęki.

Dziękuję Ci, że wziąłeś na swój krzyż jego choroby i że uleczyłeś N. swoimi ranami.

Dziękuję Ci, Panie, za Twoją nieskończoną miłość do wzgardzonych, odrzuconych, chorych i wszystkich innych cierpiących.

Dziękuję Ci, nasz Boże, za Twoją ojcowską miłość do skruszonych grzeszników, pokutników.

Żal za grzechy

Jezu na krzyżu ukrzyżowany, przynoszę Ci żal.

Tylko Ty, Jezu, wiesz, jak wiele razy N. nie okazywał Ci wdzięczności za wszystkie dni, w których miał błogosławieństwo zdrowia.

Wybacz mu.

Tylko Ty, Ojcze miłowany, wiesz, jak wykorzystywał zdrowie, kiedy je miał.

Wybacz mu.

Tylko Ty, Panie, wiesz, jak bardzo jego grzechy przyczyniły się do pojawienia się tej choroby.

Zmiłuj się nad nim.

Panie, tylko Ty wiesz, jak bardzo zagroził swojemu zdrowiu nieporządnym i nieodpowiedzialnym życiem.

Wybacz mu.

Tylko Ty, Jezu, wiesz, ile razy N. zgrzeszył myślą, słowem i czynem.

Wybacz mu.

Tylko Ty wiesz, ile razy i w jaki sposób zranił Ciebie, siebie i swoich bliźnich.

Panie, wybacz mu.

Wybacz mu, Panie i proszę Cię, byś podarował łaskę tym, których zranił, aby oni byli w stanie mu wybaczyć.

Proszę Cię, byś ich odkupił od skutków jego grzechów, uleczył ich rany i swoją łaską wynagrodził im za ból, który im N. zadał.

Wybacz mu, Panie, że nie przychodził do Ciebie po pomoc w pokusach, nie szukał ratunku w modlitwach w Twojej obecności, które jedynie mogły go uchronić przed pokusami, których sam nie mógł odeprzeć.

Wyrzeczenie się diabelskich wpływów

Proszę Cię, Panie, wybacz mu każdy, i najmniejszy kontakt z diabłem.

Panie, Boże mój, jestem świadom tego, że znajduję się w Twojej obecności, pod Twoją całkowitą ochroną, z całej swej istoty wyrzekam się w imieniu N. wszelkiego działania sił diabelskich i błagam Cię, abyś uwolnił go całkowicie swoją drogocenną krwią:

- od każdego wpływu wróżbiarstwa

- od każdego wpływu czarów

- od każdego wpływu wzywania złych mocy

- od każdego wpływu wieszczbiarstwa

- od każdego wpływu uroków

- od każdego wpływu klątw

Jezu, proszę Cię, abyś oddalił ode niego każdego ducha sprawcy choroby.

Niech Twoja krew, Panie, oczyści jego sumienie i duszę ze wszystkich nieczystości.

Przebaczenie

Panie, tylko Ty wiesz, ile razy N. zaniedbał wybaczenie wobec tych, którzy go skrzywdzili.

Tylko Ty wiesz, ile razy z powodu dumy i poczucia zranienia nie chciał lub nie był w stanie tego zrobić.

Przebacz mu, że nie przyszedł wtedy do Ciebie w modlitwie, aby Twoja łaska pomogła mu przebaczyć.

Panie, Ty powiedziałeś nam, że bez Ciebie nic nie możemy zrobić.

Panie, Ty obiecałeś, że nam przebaczysz, tak jak my przebaczymy sobie i tym, którzy nas skrzywdzili.

Dlatego, Panie, Ty pomóż, aby, dzięki Twojej łasce, wybaczył wszystkim, którzy zgrzeszyli wobec niego.

Proszę Cie, Panie, pomóż mu wybaczyć wszystkim, którzy go skrzywdzili kłamstwami, plotkowaniem, oszczerstwami, potępieniem, poniżeniem, manipulacją, nękaniem, okrucieństwem, oszustwem, niespełnionymi obietnicami...

Pomóż mu wybaczyć tym, o których wie, że go skrzywdzili, ale także tym, o których nie wie, że zgrzeszyli przeciwko niemu.

Panie, pomóż mu, dzięki Twojej łasce, przebaczyć tym, którzy są smutni i pokutujący, ale także tym, którzy nie okazują skruchy i którzy nie żałują, że go zranili.

Panie, pomóż mu przebaczyć także tym, którzy nie byli świadomi, że go ranią.

Boże nasz, pomóż mu przebaczyć wszystkim.

Panie, pomóż mu przebaczyć, ponieważ również on, jak wszyscy my ludzie, często grzeszy; ponieważ również chce, aby mu zostało przebaczone.

Panie, pomóż N. przebaczyć, aby jego serce było czyste, aby mógł żyć w Twoim pokoju i godności.

Dziękuję Ci, nasz Jezu, że obiecałeś, że nie będziemy sądzeniu w dniu Sądu, jeśli sami nie sądzimy, że zostanie nam przebaczone, jeśli my przebaczymy.

Modlitwa za uzdrowienie

Ty, Panie Jezu, przyszedłeś, aby przynieść wytchnienie zmęczonym i obciążonym, przyszedłeś uleczyć złamane serca, przyszedłeś uleczyć każdą chorobę i każdą bezsilność ludu, przyszedłeś, aby odkupić i uwolnić wszystkich dręczonych przez Diabła; przyszedłeś, aby głosić czas łaski Pańskiej.

Ty, Jezu, jesteś taki sam wczoraj, dziś i jutro.

Ty, Jezu, również dzisiaj chodzisz po ziemi, czyniąc dobro tym, którzy do Ciebie przychodzą, i dlatego moje oczy zwracają się ku Tobie.

Panie, uzdrów N. i ulecz mu rany, które w jakikolwiek sposób spowodowały pojawienie się jego choroby.

Ulecz mu rany, które w jakikolwiek sposób nie pozwalają mu oddać się Tobie i przyjąć odkupienie.

Proszę Cię, Panie, uwolnij go także od negatywnych uczuć wynikających ze zranienia i braku przebaczenia: uwolnij go od poczucia odrzucenia, od poczucia niższości, od poczucia winy; uwolnij go od rozczarowania, rozgoryczenia i użalania się nad sobą; uwolnij go od lęków, depresji i niepokoju.

Panie, ulecz go i uwolnij.

Panie Jezu Chryste, oddaję Ci jego chorobę, oddaję Ci jego życie i proszę Cię, abyś wszedł do jego serca jako Odkupiciel i Zbawiciel; proszę Cię, abyś wszedł w jego życie jako lekarz jego duszy i całej istoty.

Niech będzie wola Twoja.

Bądź królem jego serca.

Ty, Panie, możesz podarować mu zdrowie i szansę na nowe życie.

Ty, Panie, możesz podarować mu poznanie wartości cierpienia połączonego z Twoją męką, i w ten sposób nadać jego życiu nowy sens.

Ty, Panie, możesz wezwać go do Twojego wiecznego królestwa miłości, sprawiedliwości i pokoju.

Panie, jeśli go uzdrowisz, udziel mu łaski, aby wykorzystał swoje zdrowie dla wiecznego dobra.

Jeśli, Panie, udzielisz mu łaski poznania wartości cierpienia, udziel mu jej w tajemnicy i poniżeniu, aby jego serce nie uniosło się pychą.

Jeśli, Panie, wezwiesz go do siebie, podaruj jego bliźnim poznanie, że, N., dzięki swojemu za nich wstawiennictwu, zawsze będzie z nimi; że śmierć nie jest stratą, a jedynie rozstaniem, aż spotkają się ponownie w niebie.

Podaruj im mocną wiarę w Ciebie i życie wieczne - aby ich radość w wieczności była pełna.

Panie, proszę Cię, jeśli nie przyjął jeszcze sakramentu namaszczenia chorych, sakramentu Twojej miłości do chorych, przygotowuj go, usposób jego serce, aby Ci się mógł z pełnym zaufaniem oddać.

Umiłowany Ojcze, proszę Cię, podczas gdy składam Ci za niego ofiarę Twojego Syna, udziel mi Twojego pokoju, udziel mi łaski, abym ofiarował również swoje cierpienia, które chcę zjednoczyć z odkupieńczą ofiarą Jezusa, i ofiarowywać je za jego odkupienie i zbawienie.

Podaruj mi przy tym Twoją mądrość, tajemnicę i poniżenie.

Wyznanie wiary

Panie, wierzę, że podczas Mszy Świętej będę słuchać Twojego słowa, wierzę, że przemówisz do mnie, wierzę, że mnie pouczysz, pocieszysz i dodasz mi odwagi.

Panie, wierzę, że będziesz mnie pociągać do Siebie podczas całej Mszy.

Wierzę, że chcesz aby moje myśli i serce podczas całej Mszy Świętej były skierowane do Ciebie.

Wierzę, że chcesz, abym całą swoją istotą zanurzył się w Ciebie.

Jezu mój, wierzę, że chcesz, abym doświadczył Twojego pokoju, Twojej dobroci, Twojej bliskości, Twojej opieki; wierzę, że chcesz, abym we Mszy Świętej doświadczył Twojej świętej obecności.

Wierzę, Jezu, że wszystkie te łaski mogę, poprzez Ofiarę Mszy Świętej, przekazać N., w czyjejintencji składam Twoją ofiarę Ojcu.

Wierzę, Panie, że w ten sposób rzeczywiście będę uczestniczyć w Twojej odkupieńczej ofierze, składając ją Ojcu w intencji odkupienia N..

Wierzę, Jezu, że dzięki Komunii wchodzisz do mnie jako prawdziwy Bóg i człowiek, ze swoją boską i ludzką miłością.

I ja, Panie, chcę wchodzić do Ciebie z całą swoją ludzką nędzą.

Wierzę, że Komunia, dzięki której Ty jesteś we mnie i ja w Tobie, jest źródłem i centrum mojego życia.

Chcę, Panie, w tych chwilach poświęcić Ci całą swoją uwagę,

chcę Cię miłować całą swoją istotą, chcę oddać się całkowicie Twojej dobroci i miłości.

Chcę, Panie, przytulić się do Ciebie, do Twojego krzyża i oddać Ci N., w intencji którego ofiaruję Ojcu Niebieskim Twoją mękę, śmierć i zmartwychwstanie.

Chcę, Jezu, oddać Ci potrzeby także wszystkich innych, za których Cię proszę.

Boże mój, chcę Ci składać dzięki, wysławiać Cię i cieszyć się z Twojej świętej obecności.

Chcę, Jezu, miłując Cię w tych chwilach, uczyć się miłować swoich bliźnich.

Błogosławię Cię, Panie, błogosławię Twoją łaskę, której doświadczę w Mszach, w których będę składać Ojcu tą intencję, dopóki się nie wypełni.

Dziękuję Ci, że wiem, że podczas każdej Mszy Świętej będziesz przygotowywać N., dopóki nie będzie gotowy całkowicie oddać Ci swojej choroby całkowicie ufając Twojej dobroci.

Modlitwa o pomoc

Duchu Święty, proszę Cię, byś mnie prowadził przez tą Mszę Świętą.

Pomóż mi, dzięki Twojej łasce, utrzymywać moje myśli w harmonii z moimi słowami.

Niech Twoja łaska, Duchu Święty, ogarnie mnie tak bardzo, abym zdołał naprawdę całą swoją istotą wstawiać się za N. przed krzyżem Jezusowym.

Dziękuję Ci, Duchu Święty, za pomoc, ponieważ bez Twojej łaski nie umiem i nie jestem w stanie właściwie się modlić.

Mój Aniele Stróżu, czuwaj nad moimi myślami podczas Mszy Świętej, aby były z Bogiem i w Bogu.

Święta Maryjo, Matko Boża, Królowo Pokoju, módl się za mnie, który ofiaruję, i za N. w czyjej intencji składam ofiarę Twojego Syna.

Ty, Maryjo, jesteś najgłębiej związana z męką i śmiercią Jezusa: stałaś pod Jego krzyżem, byłaś Jego pociechą i siłą w najtrudniejszych dla Niego chwilach, przeżyłaś całą głębię bólu, który pozostał ukryty przed innymi ludźmi.

Miecz boleści przeszył Twoje serce, Maryjo, abyś mogła pomóc nam, słabym i grzesznym, odkryć prawdziwe zamierzenia naszych serc, odkryć prawdziwe motywy, według których żyjemy oraz pomóc nam żałować za własne grzechy.

Ty, Maryjo, znasz wszystkie boleści N..

Ty, Święta Maryjo, widziałaś i doświadczyłaś bólu Jezusa z powodu tych, za których Jego ofiara była daremna, z powodu tych, którzy będą cierpieć, ponieważ nie uwierzą i nie oddadzą Mu własnych grzechów, cierpień i chorób.

Maryjo, nie mogę złożyć Ojcu ofiary Twojego Syna, nie złożywszy jednocześnie Twojej ofiary, nie złożywszy ofiary wszystkich tych, którzy na przestrzeni wieków łączą swoje cierpienie z cierpieniem Twojego Syna oraz nie złożywszy mojego cierpienia, które całym sercem pragnę łączyć z waszym cierpieniem.

Święta Maryjo, Matko Boża i Matko moja, uproś mi łaskę, aby N. mógł całkowicie oddać się miłosierdziu Jezusowym i przyjąć pełnię Jego odkupienia, aby Jezusowa, Twoja, moja oraz jego radość była pełna.

Niech Twoja miłość, Maryjo, dotrze do tych części jego duszy, które nie będą mogły odeprzeć się Twojej matczynej miłości.

Niech Twoja miłość, Maryjo, przyciągnie N. do Twojego Syna, Jezusa, aby mógł uwierzyć w Jego miłosierdzie, wezwać Jego imienia oraz oddać Mu swoje bolеści i choroby w całkowitym zaufaniu.

Uproś mi, Maryjo, łaskę, abym i ja coraz głębiej poznawał sens ofiarowania własnych wyrzeczeń i cierpień, abym z jak największą wiarą i miłością mógł składać ofiarę Jezusową za dusze potrzebujące łaski odkupienia.

Święty Józefie, umiłowany przez Boga, módl się za niego.

Święci Apostołowie Piotrze i Janie, św. Franciszku z Asyżu, św. Klaro, św. Franciszku Ksawery, św. Tereso z Avila, św. Tereso od Dzieciątka Jezus, św. Ojcze Pio, św. Janie Pawle II, św. Faustyno Kowalska, wszyscy święci, przez czyje wstawiennictwo kiedykolwiek się N. modlił, pomóżcie mi, miłując go przed tronem Bożym.

Dusze w czyśćcu, módlcie się za niego, by mógł przyjąć łaskę, którą mu Pan chce podać.

Medytacja komunijna

Panie Jezu, Baranku Boży, N. prawdopodobnie nie jest godzien, abyś wszedł pod jego dach, nie jest godzien, abyś wszedł do jego duszy, lecz z całego serca błagam Cię, abyś napełnił go Swoją obecnością.

Ponieważ, Panie, jak sam z siebie stanie się tego godny?

Panie, jak sam rozpali światło swej duszy, kiedy Ty jedyny jesteś Światłem, kiedy tylko Ty możesz oświecić jego ciemności, kiedy tylko Ty możesz sprawić, że może widzieć, słyszeć i rozumieć sercem - aby szczerze żałował za grzechy i otrzymał Ciebie - Światło?

Jak, Panie, sam uleczy rany, które nie pozwalają mu uwierzyć Ci całym sercem i oddać Tobie całej swojej przeszłości, teraźniejszości i przyszłości oraz oddać swojej choroby całkowicie Ci ufając?

Panie, bez Ciebie, który jesteś jedynym prawdziwym Pokojem, jak uspokoi swoją duszę?

Panie, jak będzie żyć jego dusza, jeśli Ty, który jesteś Życiem, nie będziesz w niej mieszkać?

Jak, Panie, jego dusza będzie uczyć się miłować, jeśli nie przebywa w niej Miłość, jeśli nie przebywa w niej Nauczyciel?

Panie, jak będzie Ci składać dzięki, jak będzie Cię wysławiać, jak będzie Cię błogosławić, jeśli nie zakosztuje Twojej świętej obecności, jeśli nie doświadczy Twojego świętego pokoju, jeśli nie skosztuje Twojej radości, Twojego odkupienia i uzdrowienia?

Wejdź, Panie, w duszę N. jako jego Odkupiciel i Zbawiciel, jako Lekarz i Uzdrowiciel, wejdź i bądź królem jego serca.

Wejdź, Jezu, powiedz Słowo, a żyć będzie cała jego istota.

Wejdź, Jezu, w jego duszę, pociągnij go do swojego krzyża, przytul go do swojego serca, aby mógł Ci oddać swój ból, choroby i całe swoje życie.

Wejdź, Jezu, w jego duszę i naucz go kochać tak, jak Ty nas kochałeś.

Chwalę Cię, Jezu, wysławiam Cię i błogosławię.

Wielbię Cię i dzięki Ci składam za Twoją wielką dobroć.

Albowiem tylko Tyś sam jest święty.

Tylko Tyś jest Panem.

Tylko Tyś najwyższy, Jezu Chryste.

Z Duchem Świętym, w chwale Boga Ojca.

Amen.

Za uzdrowienie od chorób duszy

(Rozpocznij znakiem krzyża.)

Niech to przygotowanie odbywa się w imię Ojca i Syna i Ducha Świętego!

Niech Twoja łaska będzie ze mną, Panie Jezu Chryste, Twoja miłość, Boże Ojcze i Twoje kierownictwo, Duchu Święty.

Intencja

Wiekuisty Ojcze, składam Ci ofiarę Twojego umiłowanego Syna, naszego Pana, Jezusa Chrystusa, abym, dzięki Jego miłości z krzyża, został uzdrowiony od chorób duszy i wszystkich skutków spowodowanych przez te zranienia.

Podziękowanie za dar życia

Dziękuję Ci, Panie, za dar życia, który mi podarowałeś.

Ty mnie cudownie zaprojektowałeś i stworzyłeś na swój obraz i podobieństwo.

Stworzyłeś mnie, abym żył wiecznie dając mi okazję, by życie na ziemi zdeterminowało, jaka czeka mnie wieczność po śmierci.

W głębi mojej duszy wpoiłeś mi miłość gotową do ofiary, gotową do przebaczenia, błogosławieństwa i dziękczynienia; gotową do dawania i udzielania pomocy.

Wpoiłeś mi miłość, której doświadczyć i żyć w pełni mogę tylko w Tobie.

Ojcze Niebieski, Ty z bezgraniczną miłością uznałeś mnie w sakramencie chrztu za swojego przybranego syna i zaprosiłeś mnie do tego, bym tę miłość podczas życia odkrywał i żył z pomocą Ducha Świętego.

Dziękuję Ci, Panie, za wybranie czasu i miejsca, w którym się urodziłem.

(Przypomnij sobie dzień i miejsce swojego urodzenia.)

Dziękuję Ci, że wybrałeś mi rodzinę i okoliczności życiowe, w których się urodziłem.

(Przypomnij sobie każdego członka rodziny z osobna.)

Dziękuję Ci, Panie, za wszystkie dni, w których cieszyłem się błogosławieństwem zdrowia.

Podziękowanie za dobrodziejstwa

Dziękuję Ci za każdą osobę, która była dla mnie w życiu ważna.

(Przypomnij sobie wybrane osoby.)

Dziękuję Ci za wszystkich tych, którzy czynili mi dobro.

(Przypomnij sobie niektóre z tych osób.)

Dziękuję Ci, Panie, za tych, którzy byli dla mnie wzorem wiary w Ciebie; za tych, którzy mnie uczyli i mówili mi o Tobie.

(Przypomnij sobie niektóre z tych osób.)

Dziękuję Ci, umiłowany Ojcze, że posłałeś swojego anioła, aby mi służył, pomagał mi we wszystkim, abym i ja mógł odziedziczyć zbawienie.

(Teraz podziękuj swojemu aniołowi własnym słowami.)

Dziękuję Ci za pomoc świętych, którzy chętnie odpowiadają na modlitwy, które im składamy ufając, że wstawią się za nas i pomogą nam.

(Teraz podziękuj każdemu świętemu, do którego się modlisz.)

Dziękuję Ci najbardziej za pomoc i wstawiennictwo Twojej i mojej Matki, Najświętszej Maryi Panny.

(Przynajmniej raz, z całego serca odmów Zdrowaś Maryjo i podziękuj jej za wszystko, co dla ciebie zrobiła.)

Panie, chcę podziękować Ci za wszystkie inne dobra, które otrzymałem od Ciebie do tej pory.

(Spróbuj podziękować za jak najwięcej dóbr, a zwłaszcza za to, za co nigdy wcześniej mu nie podziękowałeś. Pozostań teraz krótko w dziękczynieniu i kontynuuj modlitwę, gdy tylko będziesz mieć okazję być sam na sam z Panem.)

Podziękowanie za Bożą bliskość

Dziękuję Ci, Zbawicielu mój, że jesteś gotów włączyć się w każdą sytuację w moim życiu, w której wzywam Cię całym sercem.

(Wzywaj teraz Jezusa w swoją sytuację wołając całym sercem.)

Ty, Panie, darowałeś mi Ducha Świętego, abyśmy wciąż na nowo mogli napełniać się Jego łaską, abyśmy mogli wchodzić w Twoją obecność i trwać w Tobie.

(Wzywaj teraz Ducha Świętego całym sercem, aby wprowadził cię w Bożą obecność.)

Kiedy przebywam w Twojej obecności, mój Boże, Ty dajesz mi odpoczynek, wyzwalasz mnie i ozdrawiasz mój duch, duszę i ciało.

Kiedy jestem w Twojej obecności, Ty mnie uczysz i zmieniasz.

Kiedy jestem w Twojej obecności, dajesz nam swoją miłość, dzięki której mogę wszystkim przebaczyć i ofiarować się za każdego.

Kiedy jestem w Twojej obecności, mój Odkupicielu, dajesz mi wiarę serca, dzięki której mogę modlić się w intencjach innych osób.

Kiedy jestem w Twojej obecności, dajesz mi siłę woli, abym był w stanie odeprzeć grzech i wytrwać na drodze zbawienia.

Kiedy jestem w Twojej obecności, wiekuisty Ojcze, napełniasz mnie swoim świętym pokojem i radością.

Panie, kiedy nie jestem z Tobą, nie okazuję Ci wdzięczności i często popadam w grzech; często próbuję usprawiedliwiać swoje grzechy, często mój żal za grzechy nie jest szczery.

Dziękuję Ci, że mnie zachęcasz, abym Cię szukał i odnalazł: w modlitwie, w *Piśmie Świętym*, w sakramentach, w natchnionych książkach, w bliźnich potrzebujących Twojego miłosierdzia...

Podziękowanie za zbawienie

Panie, Ty ofiarujesz mi swoją obfitość życia, ofiarujesz mi siebie samego, a ja zbyt często wybieram swoją drogę ku obfitości i bożków, którym daję pierwszeństwo zamiast dać je Tobie i moim bliźnim.

Wiem, Panie, że bez Ciebie, bez Twojego przebaczenia, nie mogę zostać zbawiony.

Dlatego dziękuję Ci, Ojcze, że dałeś swojego Jednorodzonego Syna, Jezusa Chrystusa, aby każdy, kto w Niego wierzy, nie zginął, ale miał życie wieczne.

Dziękuję Ci, Jezu, że zapłaciłeś za mnie karę za moje grzechy i winy.

Dziękuję Ci, że cierpiąc i umierając na krzyżu, wziąłeś na siebie także mój ból i moje upokorzenia, moje zranienie i moje poczucie odrzucenia.

Dziękuję Ci, że chcesz wziąć na siebie także moją winę, moją bezradność i moje lęki.

Dziękuję Ci, że chcesz zabrać moje choroby i wyleczyć mnie swoimi ranami.

Dziękuję Ci, Panie, za Twoją ogromną miłość do wzgardzonych, odrzuconych, chorych i wszystkich cierpiących.

Dziękuję Ci za Twoją miłość do nas, grzeszników.

Żal za grzechy

Jezu na krzyżu ukrzyżowany, przynoszę Ci mój żal.

Tylko Ty, Jezu, wiesz, ile razy zgrzeszyłem myślą, słowem i czynem.

Tylko Ty, Panie, wiesz, ile razy skrzywdziłem Ciebie, ile razy poniżyłem siebie i raniłem swoich bliźnich.

Panie, tylko Ty wiesz, ile razy razy zgrzeszyłem myśląc o innych w sposób niedojrzały, niewłaściwy i nieczysty.

Tylko Ty wiesz, ile razy wypowiedziałem słowa, które raniły i upokorzyły innych.

Tylko Ty wiesz, ile razy zgrzeszyłem milczeniem, kiedy powinienem był mówić.

Tylko Ty wiesz, ile razy moje uczynki wywołały u kogoś poczucie winy, niższości, odrzucenia i bycia niechcianym.

(Przypomnij sobie jeden z tych grzechów.)

Wybacz mi, Panie.

Panie, tylko Ty wiesz, ile razy zgrzeszyłem, ponieważ zaniedbałem przebywanie z tymi, którzy mnie potrzebowali, ponieważ zaniedbywałem to, aby ich zrozumieć, pocieszyć, zachęcić, uchronić, pochwalić, przytulić...

(Zatrzymaj się i przypomnij sobie swoich bliźnich i innych, którzy oczekiwali, że będziesz z nimi).

Wybacz mi, Panie.

Panie, tylko Ty wiesz, kto i jak bardzo czuje się odrzucony przeze mnie.

Proszę Cię, abyś podarował łaskę tym, których raniłem swoimi słabościami, grzechami i winami, tak, aby mi byli w stanie przebaczyć.

Proszę Cię, ulecz ich rany, napełnij ich swoją miłością i wynagródź im swoim pokojem za ból, który im zadałem.

(Spróbuj sobie przypomnieć niektóre osoby, szczególnie te najbliższe, co do których wiesz, że czują się przez Ciebie odrzucone.)

Panie, zmiłuj się nad nimi.

Chryste, zmiłuj się nad nimi.

Panie, zmiłuj się nad nimi.

Wybacz mi, Panie, że nie przychodziłem do Ciebie po pomoc w pokusach, nie wchodziłem w modlitwę, w Twoją obecność, która jedynie mogła mnie uchronić przed pokusami, których sam nie mogłem odeprzeć.

Przebaczanie

Panie, tylko Ty wiesz, ile razy zaniedbałem wybaczenie wobec tych, którzy mnie skrzywdzili.

Tylko Ty wiesz, ile razy z powodu dumy i poczucia zranienia nie chciałem tego zrobić.

Panie, wiele razy chciałem wybaczyć, ale z powodu zbyt dużego bólu nie mogłem.

Panie, Ty powiedziałeś nam, że bez Ciebie nic nie możemy zrobić.

Przebacz mi, że nie przyszedłem wtedy do Ciebie w modlitwie, aby Twoja łaska pomogła mi przebaczyć.

Panie, Ty powiedziałeś, że nam przebaczysz, tak jak my przebaczymy tym, którzy nas skrzywdzili.

Dlatego, Panie, teraz naprawdę chcę wybaczyć każdemu, kto mnie skrzywdził w jakikolwiek sposób.

Chcę wybaczyć tym, o których wiem, że mnie skrzywdzili,

ale także tym, o których nie wiem, że zgrzeszyli przeciwko mnie.

Jezu, chcę przebaczyć i, dzięki Twojej łasce, prawdziwie przebaczam tym, którzy są smutni i pokutujący, ale także tym, którzy nie okazują skruchy, i którzy z jakiegokolwiek powodu nie żałują, że mnie zranili lub nadal to robią.

Dobry Boże, wybaczam także tym, którzy nie byli świadomi, że mnie ranią.

Panie, szczególnie zależy mi na przebaczeniu moim rodzicom.

Wiem, Panie, że wiele razy nie byli świadomi, że zadają mi ból i często nie umieli lub nie mogli traktować mnie w lepszy sposób.

Chcę wybaczyć ojcu i matce wszystkie sytuacje, w których nie czułem się akceptowany:

- sytuacje, w których zostałem od nich oddzielony (opuszczony)

- sytuacje, w których mi nie wierzyli

- sytuacje, w których mnie nie chronili

- sytuacje, w których zostałem niesprawiedliwie ukarany

- sytuacje, w których mnie nie wspierali

- sytuacje, w których nie pokazali mi bliskości, czułości i intymności, których wtedy bardzo potrzebowałem.

Chcę wybaczyć mojemu ojcu i matce wszystkie ich oczekiwania, z którymi nie umiałem, nie byłem w stanie lub nie chciałem sobie poradzić.

Chcę im wybaczyć sytuacje, w których zranili mnie swoimi słowami.

Chcę wybaczyć ojcu i matce sytuacje, w których czułem się mniej kochany niż mój brat lub siostra.

Chcę im wybaczyć sytuacje, w których czułem się z ich powodu upokorzony i zawstydzony.

Jezu, chcę im wybaczyć, że nie postarali się, by mnie wystarczająco poznać, nie poświęcili mi wystarczająco dużo swojego czasu i uwagi.

Wybaczam im, Jezu, i wszystko, co uczynili źle innym, wybaczam im wszystkie chwile słabości, samolubstwa, skąpstwa, nieumiarkowania...

(Spróbuj sobie przypomnieć najbardziej bolesne sytuacje związane z rodzicami i przebacz im.)

W szczególny sposób przedkładam Ci to, co mnie najbardziej zraniło.

(Przypomnij sobie te chwile i przebacz.)

Panie, przedkładam Ci innych ludzi, którzy mnie skrzywdzili i sprawili, że poczułem się odrzucony i mniej wartościowy.

(Przypomnij sobie braci, dziadków, przyjaciół, nauczycieli, małżonków, dzieci, współpracowników i szefów, osoby, w których byłeś zakochany; osoby, które cię gnębiły...)

Panie, przebaczam sobie i innym, ponieważ ja również często popełniam takie same grzechy, ponieważ również chcę, aby i mnie zostało przebaczone.

Jezu, przebaczam, ponieważ chcę, aby moje serce było czyste, ponieważ chcę żyć w Twoim świętym pokoju.

Ojcze nasz, przebaczam wszystkim, ponieważ stworzyłeś nas z miłością i tęsknisz, aby każdy z nas grzeszników nawrócił się i żył.

(Powtarzaj w sercu przez krótki czas: „Przebaczam, przebaczam, przebaczam..." Niech Duch Święty w tym czasie przywoła ci w myślach osoby, którym powinieneś przebaczyć.)

Panie, przebaczam również sobie wszystko to, co już mi przebaczyłeś w swojej miłości, przebaczam, bo wiem, że Ty też chcesz, abym sobie przebaczył.

(Przypomnij sobie teraz swoje najgorsze grzechy i przebacz sobie.)

Jezu, wierzę, że w spotkaniu z Tobą w Eucharystii, w spotkaniu z miłością, z jaką nas miłowałeś na krzyżu, doświadczę pełni łaski przebaczenia.

Modlitwa za uzdrowienie wewnętrzne

Panie, przedkładam Ci sytuacje, w którym porównywałem się z innymi, i w których czułem się mniej wartościowy.

(Spróbuj sobie je przypomnieć.)

Jezu, uzdrów mnie.

Przedkładam Ci moje życiowe porażki, zwłaszcza te, które sprawiają, że czuję się rozczarowany, upokorzony i odrzucony.

(Spróbuj sobie przypomnieć niektóre z nich.)

Jezu, uzdrów mnie.

Panie, przedkładam Ci również sytuacje, w których czułem się odrzucony i nie chroniony przez Ciebie; sytuacje, w których potrzebowałem Twojej pomocy, a jej nie otrzymałem.

(Spróbuj sobie je przypomnieć.)

Jezu, uzdrów mnie.

Przedkładam Ci chwile, w których użalałem się nad sobą, chwile, w których szukałem pociechy, tam gdzie nie mogłem jej znaleźć.

(Spróbuj sobie je przypomnieć.)

Jezu, uzdrów mnie.

Panie, tylko Ty znasz moją duszę i znasz bóle, które są jeszcze nieuleczone.

Tylko Ty znasz rany, które wciąż krwawią i odbierają mi życiową radość.

Tylko Ty, Ojcze umiłowany, wiesz, co jest we mnie stłumione i zapomniane, a co odbiera mi wewnętrzną radość i pokój.

Dlatego Cię proszę, Boże mój, abyś mnie, swoją miłością z krzyża, poprzez Ofiarę Mszy Świętej, uzdrowił od wszelkiego negatywnego skutku spowodowanego przez tych, którzy mnie nie umieli, nie byli w stanie lub nie chcieli miłować.

Umiłowany mój Boże, umiłowany Synu Maryi, proszę Cię, abyś mnie, swoją miłością wyzwolił od wszystkiego złego co zdarzyło się i miało wpływ na mnie w ciągu tych miesięcy, podczas których rozwijałem się w łonie mojej matki.

Wyzwól mnie, umiłowany Synu Maryi, od wszystkiego złego co zdarzyło mi się podczas moich narodzin i zaraz po urodzeniu.

Wyzwól mnie, umiłowany Synu Maryi, od wszystkiego, co negatywne i wydarzyło się w pierwszych dniach, tygodniach i miesiącach mojego życia.

Wyzwól mnie, Odkupicielu mój, od wszelkiej negatywności, która wydarzyła mi się w pierwszych latach życia.

Wyzwól mnie, Zbawicielu mój, od wszelkiego zła, którego spróbowałem w ciągu mojego życia.

(Uświadom sobie teraz swoje najbardziej bolesne chwile swojego życia.)

Weź, Panie, na swój krzyż każde moje poczucie odrzucenia i bycia niechcianym.

Panie, proszę Cię, wyzwól mnie całkowicie z wszelkiego poczucia winy, zwłaszcza od poczucia winy spowodowanej przez moich bliźnich oraz od winy, którą dobrowolnie wziąłem na siebie.

Wyzwól mnie z wszelkiego poczucia mniejszej wartości.

Jezu, mój królu, proszę Cię, usuń swoją krwią wszystkie kłamstwa, w które uwierzyłem i które wypisałem w swoim sercu.

Panie, który ze strachu i niepokoju, pociłeś się w Ogrodzie Getsemani krwawym potem, weź na swój krzyż moje lęki, a zwłaszcza lęk przed odrzuceniem i opuszczeniem, lęk przed niepowodzeniem, lęk przed ciężką chorobą i lęk przed śmiercią.

(Sam w sercu dodaj jeszcze jakiś lęk, jeśli go masz.)

Uzdrów mnie, Jezu, z użalania się nad samym sobą.

Uzdrów mnie, Panie, z lęku, depresji i innych zaburzeń psychicznych.

Uzdrów mnie, Jezu, z zazdrości, uzdrów mnie ze strachu przed utratą ukochanej osoby.

Weź, Panie, na swój krzyż całą moją niezdolność do walki o siebie i całą moją niezdolność do przeciwstawienia się złu.

Bądź moim pomocnikiem od dziś, zawsze gdy poczuję się bezradny.

Proszę Cię, Panie, wyzwól mnie z negatywnych uczuć i postaw, za które jestem odpowiedzialny.

Proszę Cię, Jezu, wyzwól mnie z negatywnych decyzji, które podjąłem w swoim sercu, próbując uchronić się przed dalszymi rozczarowaniami.

(Przypomnij sobie te decyzje, które zaczynały się od: „Nigdy nie będę...", „Zawsze będę...", „Nie potrzebuję miłości mojego ojca lub matki..." i wyrzekaj się ich w imieniu Jezusa.)

Proszę Cię, abyś przełamał swoją krwią moc negatywnych słów, które wypowiedziałem do siebie, i moc negatywnych słów, które wypowiedzieli do mnie inni.

(Przypomnij sobie słowa: „Nigdy nie będziesz...", „Zawsze będziesz..." i wyrzekaj się ich.)

Proszę Cię, Jezu, który byłeś chłostany za mnie, wyzwól mnie ze wszystkich grzesznych uzależnień, skłonności i przyzwyczajeń, które oddalają mnie od Ciebie, poniżają mnie, i którymi krzywdzę swoich bliźnich.

(Przypomnij sobie swoje grzeszne nałogi, skłonności i przyzwyczajenia i wyrzekaj ich się).

Jezu umiłowany, który zostałeś ukoronowany koroną cierniową, wyzwól mnie ze świadomych i podświadomych pragnień kontrolowania innych i manipulowania nimi.

Jezu, fałszywie oskarżony i ukrzyżowany, wyzwól mnie ze świadomych i podświadomych pragnień uznania i akceptacji, wyzwól mnie z wszelkiego pragnienia udowodnienia swojej wartości innym ludziom i spraw, by, zamiast tego, moim życiem kierowała miłość do Ciebie i moich bliźnich.

Uzdrów mnie, Jezu, mój Odkupicielu i Uzdrowicielu, i wyzwól mnie ze wszystkich fizycznych i psychicznych problemów spowodowanych przez rany duszy, których doznałem od poczęcia do dnia dzisiejszego.

Wyznanie wiary

Panie, wierzę, że podczas Mszy Świętej będę słuchać Twojego słowa, wierzę, że przemówisz do mnie, wierzę, że mnie pouczysz, pocieszysz i dodasz mi odwagi.

Panie, wierzę, że będziesz mnie pociągać do siebie podczas całej Mszy.

Wierzę, że chcesz aby moje myśli i serce podczas całej Mszy Świętej były skierowane do Ciebie; wierzę, że chcesz, abym całą swoją istotą zanurzył się w Ciebie.

Jezu, Zbawicielu mój, wierzę, że chcesz, abym doświadczył Twojego świętego pokoju, Twojej dobroci, Twojej bliskości, Twojej opieki; wierzę, że chcesz, abym we Mszy Świętej doświadczył Twojej świętej obecności.

Panie, wierzę, że, przez cud, przez sakrament Eucharystii, w Komunii spożywam Twoje Ciało i Twoją Krew, spożywam Ciebie, Baranka ofiarnego, który za nas zostałeś wzgardzony, zdradzony, odrzucony i upokorzony.

Wierzę, że spożywam Ciebie, który cierpiałeś śmiertelny strach i niepokój, pocąc się krwawym potem.

Wierzę, że spożywam Ciebie, którzy zostałeś fałszywie skazany, brutalnie torturowany, ukrzyżowany i zabity za mnie.

Wierzę, Jezu, że przez ten najświętszy dar, przez ten największy cud, przez sakrament Eucharystii, Ty wchodzisz do mnie jako prawdziwy Bóg i człowiek, ze swoją boską i ludzką miłością.

I ja, Panie, chcę wchodzić do Ciebie z całą swoją ludzką nędzą, ze wszystkim swoim ranami duszy, negatywnymi uczuciami, lękami, psychicznymi zaburzeniami i grzesznymi uzależnieniami.

Wierzę, Panie, że wchodzisz do mnie, abym również ja mógł wejść do Ciebie, abym w Tobie, w Twojej miłości płynącej z krzyża znalazł łaskę za przebaczenie wszystkim, oraz abym mógł modlić się, wspólnie z Tobą, z pomocą wiary mojego serca za tych, którzy mnie ranili.

Wierzę, Panie, że Ty wchodzisz do mnie i ja wchodzę do Ciebie, abym, w wolności serca i całkowicie ufając Twojej dobroci, mógł oddać Ci moje rany duszy i wszystko to, co negatywne stało się ich skutkiem, abym mógł przyjąć Twoje odkupienie, uzdrowienie i wyzwolenie.

Panie, wierzę, że będę jedno z Tobą w Eucharystii, wierzę, że będę uczestnikiem Twojej cudownej miłości z krzyża.

Wierzę, Panie, że spożywając Twoje Ciało, naprawdę uczestniczę w Twojej ofierze, że składam ją Ojcu i otrzymuję łaskę odkupienia, że otrzymuję łaskę wewnętrznego uzdrowienia i wyzwolenia, że otrzymuję miłość Ojca, która rozlewa się w moim sercu przez Ducha Świętego, że otrzymuję Twój święty pokój, Jezu.

Wierzę, Panie, że Twoją krwią odnawiam swoje przymierze chrztu, które zawarłem z Tobą.

Wierzę, że mi wybaczasz, że mnie uwalniasz i że wciąż na nowo napełniasz Duchem Świętym.

Wierzę, Panie, że nie ma większej miłości, że nie ma większego cudu niż Eucharystia, w której nam Ty darujesz samego siebie.

(Pozostań teraz kilka minut w dziękczynieniu. Zwracaj się do Niego słowami: „Dziękuję Ci, Jezu, dziękuję Ci, Panie, dziękuję Ci, mój Zbawicielu i Odkupicielu...", tak długo, aż zaznasz pokoju w swoim sercu.)

Modlitwa o pomoc

Duchu Święty, proszę Cię, byś mnie prowadził przez tą Mszę Świętą.

Pomóż mi, dzięki Twojej łasce, utrzymywać moje myśli w harmonii z moimi słowami.

Niech Twoja łaska, Duchu Święty, ogarnie mnie tak bardzo, abym zdołał naprawdę całym sercem oddać się woli Ojca i przyjąć odkupienie.

Dziękuję Ci, Duchu Święty, za pomoc, ponieważ bez Twojej łaski nie umiem i nie jestem w stanie właściwie się modlić.

Mój Aniele Stróżu, czuwaj nad moimi myślami podczas Mszy Świętej, aby były z Bogiem i w Bogu.

Święta Maryjo, Matko Boża, Królowo Pokoju, módl się za mnie.

Ty, Maryjo, jesteś najgłębiej związana z męką i śmiercią Jezusa: stałaś pod Jego krzyżem, byłaś Jego pociechą i siłą w najtrudniejszych dla Niego chwilach, przeżyłaś całą głębię bólu, który pozostał ukryty przed innymi ludźmi.

Miecz boleści przeszył Twoje serce, Maryjo, abyś mogła pomóc nam, słabym i grzesznym, odkryć prawdziwe zamierzenia naszych serc, odkryć prawdziwe motywy, według których żyjemy oraz pomc nam żałować za własne grzechy.

Ty, Maryjo, dzieliłaś z Nim ból z powodu poczucia bycia niechcianym, ból odrzucenia, pogardy, rozczarowania, opuszczenia, zdrady, wstydu...

Ty, wspólnie z Twoim Synem, doświadczyłaś jego śmiertelnego strachu i niepokoju.

Ty, moja Matko i Matko Boża, znasz wszystkie moje boleści, znasz wszystkie moje lęki, znasz wszystkie moje negatywne uczucia, znasz wszystkie moje słabości.

Ty, Maryjo, wiesz, jak bardzo wołam o pokój w mojej duszy, jak bardzo wołam o wolność od grzechu, jak bardzo wołam o bliskość i czułość Boga.

Ty, Najświętsza Maryjo Panno, wspólnie z Jezusem bezwarunkowo przebaczyłaś i miłowałaś nawet największych wrogów.

Ty, Święta Maryjo, widziałaś i doświadczyłaś bólu Jezusa z powodu tych, za których Jego ofiara była daremna, z powodu tych, którzy nie uwierzą, nie przebaczą i nie oddadzą Mu własnych grzechów, cierpień i chorób.

Święta Maryjo, Matko Boża i Matko moja, uproś mi łaskę, abym mógł całkowicie oddać się Miłosierdziu Bożemu i przyjąć pełnię odkupienia Jezusa, aby Jego ofiara za mnie nie była daremna, aby Jego, Twoja i moja radość była pełna.

Maryjo, nie mogę złożyć Ojcu ofiary Twojego Syna, nie złożywszy jednocześnie Twojej ofiary, nie złożywszy ofiary wszystkich tych, którzy na przestrzeni wieków łączą swoje cierpienie z cierpieniem Twojego Syna oraz nie złożywszy mojego cierpienia, które ja też chcę łączyć z cierpieniem Twojego Syna.

Uproś mi, Maryjo, łaskę, abym i ja coraz głębiej poznawał sens ofiarowania własnych wyrzeczeń i cierpień, abym z jak największą wiarą i miłością mógł składać ofiarę Jezusową za dusze potrzebujące łaski odkupienia.

Niech Twoja miłość, Maryjo, dotrze do mojej duszy i niech Twoja matczyna miłość wyzwoli mnie, abym mógł oddać się całkowicie miłosierdziu Twojego Syna Jezusa.

Święty Józefie, święty umiłowany przez Boga, módl się za mnie.

Święci Apostołowie Piotrze i Janie, św. Franciszku z Asyżu, św. Klaro, św. Franciszku Ksawery, św. Tereso z Avila, św. Tereso od Dzieciątka Jezus, św. Ojcze Pio, św. Janie Pawle II, św. Faustyno Kowalska, wszyscy święci, przez czyje wstawiennictwo kiedykolwiek się modliłem, pomóżcie mi, miłując mnie przed tronem Bożym.

(Przypomnij sobie też innych świętych, do których się modlisz.)

Dusze w czyśćcu, módlcie się za mnie, bym w Ofierze Mszy Świętej uczestniczył tak żarliwie, jak tylko jest to możliwe.

Medytacja komunijna

Panie Jezu, Baranku Boży, nie jestem godzien abyś wszedł pod mój dach, nie jestem godzien, abyś wszedł do mojej duszy, lecz z całego serca błagam Cię, abyś napełnił mnie Swoją obecnością.

Ponieważ, Panie, jak sam z siebie stanę się tego godny?

Panie, jak sam rozpalę światło swej duszy, kiedy Ty jesteś Światłem, kiedy tylko Ty możesz oświecić moją ciemność, kiedy tylko Ty możesz sprawić, że mogę widzieć, słyszeć i rozumieć sercem - abym szczerze żałował za grzechy i otrzymał Światło?

Jak, Panie, sam uleczę rany, które nie pozwalają mi uwierzyć Ci całym sercem i oddać Tobie całej mojej przeszłości, teraźniejszości i przyszłości?

Panie, bez Ciebie, który jesteś jedynym prawdziwym Pokojem, jak uspokoję swoją duszę?

Panie, jak będzie żyć moja dusza, jeśli Ty, który jesteś Życiem, nie będziesz w niej mieszkać?

Jak, Panie, moja dusza będzie miłować, jeśli nie przebywa w niej Miłość, jeśli nie przebywa w niej Nauczyciel?

Panie, jak będę Ci składać dzięki, jak będę Cię wysławiać, jak będę Cię błogosławić, jeśli moja dusza nie zakosztuje Twojej świętej obecności, jeśli nie doświadczy Twojego świętego pokoju, jeśli nie skosztuje Twojej radości?

Wejdź, Panie, jako mój Odkupiciel i mój Zbawiciel, jako mój nauczyciel i mój Uzdrowiciel, wejdź i bądź królem mego serca.

Wejdź, Jezu, powiedz Słowo, a żyć będzie cała moja istota.

Wejdź, Jezu, we mnie, pociągnij mnie do swojego krzyża, przytul mnie do swojego serca, ponieważ chcę oddać Ci mój ból, ponieważ chcę oddać Ci moje zranione serce.

Wejdź, Jezu, i naucz mnie kochać tak, jak Ty nas kochałeś.

Chwalę Cię, mój Boże, wysławiam Cię i błogosławię.

Wielbię Cię i dzięki Ci składam za Twoją wielką dobroć.

Albowiem tylko Tyś sam jest święty.

Tylko Tyś jest Panem.

Tylko Tyś najwyższy, Jezu Chryste.

Z Duchem Świętym, w chwale Boga Ojca.

Amen.

Za uwolnienie od grzesznego uzależnienia

(Rozpocznij znakiem krzyża.)

Niech to przygotowanie odbywa się w imię Ojca i Syna i Ducha Świętego! Amen.

Niech Twoja łaska będzie ze mną, Panie Jezu Chryste, Twoja miłość, Boże Ojcze i Twoja wspólnota, Duchu Święty.

Intencja

Wiekuisty Ojcze, składam Ci ofiarę Twojego umiłowanego Syna, naszego Pana, Jezusa Chrystusa, abym, dzięki Jego miłości z krzyża, został uwolniony od grzesznych uzależnień, skłonnościach i nałogów.

(Uświadom sobie grzeszne uzależnienie, skłonność oraz nałóg, w intencji której ofiarujesz Mszę.)

Podziękowanie za dar życia

Dziękuję Ci, Panie, za dar życia, który mi podarowałeś.

Ty mnie cudownie zaprojektowałeś i stworzyłeś na swój obraz i podobieństwo.

Stworzyłeś mnie, abym żył wiecznie dając mi okazję, by życie na ziemi zdeterminowało, jaka czeka mnie wieczność po śmierci.

W głębi mojej duszy wpoiłeś mi miłość gotową do ofiary, gotową do przebaczenia, błogosławieństwa i dziękczynienia; gotową do dawania i udzielania pomocy.

Wpoiłeś mi miłość, której doświadczyć i żyć w pełni mogę tylko w Tobie.

Ojcze Niebieski, Ty z bezgraniczną miłością uznałeś mnie w sakramencie chrztu za swojego przybranego syna i zaprosiłeś mnie do tego, bym tę miłość podczas życia odkrywał i żył z pomocą Ducha Świętego.

Dziękuję Ci, Panie, za wybranie czasu i miejsca, w którym się urodziłem.

(Przypomnij sobie dzień i miejsce swojego urodzenia.)

Dziękuję Ci, że wybrałeś mi rodzinę i okoliczności życiowe, w których się urodziłem.

(Przypomnij sobie każdego członka rodziny z osobna.)

Dziękuję Ci, Panie, za wszystkie dni, w których cieszyłem się błogosławieństwem zdrowia.

Podziękowanie za dobrodziejstwa

Dziękuję Ci za każdą osobę, która była dla mnie w życiu ważna.

Dziękuję Ci za wszystkich tych, którzy czynili mi dobro.

(Przypomnij sobie niektóre z tych osób.)

Dziękuję Ci, Panie, za tych, którzy byli dla mnie wzorem wiary w Ciebie; za tych, którzy mnie uczyli i mówili mi o Tobie.

(Przypomnij sobie niektóre z tych osób.)

Dziękuję Ci, umiłowany Ojcze, że posłałeś swojego anioła, aby mi służył, pomagał mi we wszystkim, abym i ja mógł odziedziczyć zbawienie.

(Teraz podziękuj swojemu aniołowi własnym słowami.)

Dziękuję Ci za pomoc świętych, którzy chętnie odpowiadają na modlitwy, które im składamy ufając, że wstawią się za nas i pomogą nam.

(Teraz podziękuj każdemu świętemu, do którego się modlisz.)

Dziękuję Ci najbardziej za pomoc i wstawiennictwo Twojej i mojej Matki, Najświętszej Maryi Panny.

(Przynajmniej raz, z całego serca odmów Zdrowaś Maryjo i podziękuj jej za wszystko, co dla ciebie zrobiła.)

Panie, chcę podziękować Ci za wszystkie inne dobra, które otrzymałem od Ciebie do tej pory.

(Spróbuj podziękować za jak najwięcej dóbr, a zwłaszcza za to, za co nigdy wcześniej mu nie podziękowałeś. Pozostań teraz krótko w dziękczynieniu i kontynuuj, gdy tylko będziesz mieć okazję być sam na sam z Panem.)

Podziękowanie za Bożą bliskość

Dziękuję Ci, Zbawicielu mój, że jesteś gotów włączyć się w każdą sytuację w moim życiu, w której wzywam Cię całym sercem.

(Wzywaj teraz Jezusa w swoją sytuację wołając całym sercem.)

Ty, Panie, darowałeś mi Ducha Świętego, abym wciąż na nowo mógł napełniać się Jego miłością, abym mógł przychodzić do Ciebie, wchodzić w Twoją obecność i trwać w Tobie.

(Wzywaj teraz Ducha Świętego całym sercem, aby wprowadził cię w Bożą obecność.)

Kiedy przebywam w Twojej obecności, mój Boże, Ty dajesz mi odpoczynek, wyzwalasz mnie i uzdrawiasz mojego ducha, moją duszę i moje ciało.

Kiedy jestem w Twojej obecności, Ty mnie uczysz i zmieniasz.

Kiedy jestem w Twojej obecności, dajesz nam swoją miłość, dzięki której mogę wszystkim przebaczyć i ofiarować się za każdego.

Kiedy jestem w Twojej obecności, nasz Odkupicielu, dajesz mi wiarę serca, dzięki której mogę modlić się w intencjach innych osób.

Kiedy jestem w Twojej obecności, dajesz mi siłę woli, abym był w stanie odeprzeć grzech i wytrwać na drodze zbawienia.

Kiedy jestem w Twojej obecności, wiekuisty Ojcze, napełniasz mnie swoim świętym pokojem i radością.

Panie, kiedy nie jestem z Tobą, często nie jestem Ci wdzięczny i często popadam w grzech; często próbuje usprawiedliwiać swoje grzechy, często mój żal za grzechy nie jest szczery.

Dziękuję Ci, że mnie zachęcasz, abym Cię szukał i odnalazł: w modlitwie, w *Piśmie Świętym*, w sakramentach, w natchnionych książkach, w bliźnich potrzebujących Twojego miłosierdzia...

Podziękowanie za zbawienie

Panie, Ty ofiarujesz mi swoją obfitość życia, ofiarujesz mi siebie samego, a ja zbyt często wybieram swoją drogę ku obfitości i bożków, którym daję pierwszeństwo zamiast dać je Tobie i moim bliźnim.

Wiem, Panie, że bez Ciebie, bez Twojego przebaczenia, nie mogę zostać zbawiony.

Dlatego dziękuję Ci, Ojcze, że dałeś swojego Jednorodzonego Syna, Jezusa Chrystusa, aby każdy, kto w Niego wierzy, nie zginął, ale miał życie wieczne.

Dziękuję Ci, Jezu, że zapłaciłeś za mnie karę za moje grzechy i winy.

Dziękuję Ci, że cierpiąc i umierając na krzyżu, chcesz wziąć na siebie także mój ból i moje upokorzenia, moje zranienie i moje poczucie odrzucenia.

Dziękuję Ci, że chcesz wziąć na siebie także moją winę, moją bezradność i moje lęki.

Dziękuję Ci, że chcesz zabrać moje choroby i wyleczyć mnie swoimi ranami.

Dziękuję Ci, Panie, za Twoją ogromną miłość do wzgardzonych, odrzuconych, chorych i wszystkich innych cierpiących.

Dziękuję Ci za Twoją miłość do nas, grzeszników.

Żal za grzechy

Przynoszę Ci teraz, Panie, mój żal.

Panie, tylko Ty wiesz, ile razy zgrzeszyłem myślą, słowem i czynem.

Tylko Ty, Panie, wiesz, ile razy zgrzeszyłem przeciwko Tobie, ile razy poniżyłem siebie i skrzywdziłem moich bliźnich.

Tylko Ty, mój Boże, wiesz, ile bólu sprawiłem sobie i innym, szczególnie najbliższym.

Tylko Ty wiesz, jak bardzo czują się odrzuceni przeze mnie.

(Spróbuj sobie przypomnieć niektóre osoby, co do których wiesz, że czują się odrzuceni przez ciebie.)

Proszę Cię, Panie, wybacz mi i proszę Cię, byś podarował łaskę tym, których zraniłem, aby byli w stanie mi wybaczyć.

Proszę Cię, byś odkupił nas od skutków moich grzechów i uleczył nasze rany.

Proszę Cię, Panie, wybacz mi jakikolwiek kontakt z diabłem, z praktykami okultystycznymi: z horoskopem, wróżbiarstwem, czarami, wzywaniem złych mocy, wieszczbiarstwem, urokami; szukaniem pomocy od wieszczów i innych sług diabelskich...

Wyrzekam się jakiegokolwiek kontaktu z tymi nieczystymi mocami i proszę Cię, abyś mnie uwolnił, oczyścił i uchronił od Złego.

W sposób szczególny przynoszę Ci swój największy grzech, grzech, z którego nie mogę się wyzwolić sam i który wciąż na nowo odnosi zwycięstwo nade mną.-

(Przypomnij sobie jeszcze raz swoje uzależnienia, nałogi i skłonności.)

Proszę Cię, wybacz mi i uwolnij mnie.

Wybacz mi, Panie, że nie przychodziłem do Ciebie po pomoc w pokusach, nie szukałem ratunku w modlitwie w Twojej obecności, która jedynie mogła mnie uchronić przed pokusami, których sam nie mogłem odeprzeć.

Przebaczanie

Panie, tylko Ty wiesz, ile razy zaniedbałem wybaczenie wobec tych, którzy mnie skrzywdzili.

Tylko Ty wiesz, ile razy z powodu dumy i poczucia zranienia nie chciałem tego zrobić.

Panie, wiele razy chciałem wybaczyć, ale z powodu zbyt dużego bólu nie mogłem.

Panie, Ty powiedziałeś nam, że bez Ciebie nic nie możemy zrobić.

Przebacz mi, że nie przyszedłem wtedy do Ciebie w modlitwie, aby Twoja łaska pomogła mi przebaczyć.

Panie, Ty powiedziałeś, że nam przebaczysz, tak jak my przebaczymy tym, którzy nas skrzywdzili.

Panie, naprawdę chcę wybaczyć każdemu, kto mnie skrzywdził w jakikolwiek sposób.

Chcę wybaczyć tym, o których wiem, że mnie skrzywdzili, ale także tym, o których nie wiem, że zgrzeszyli przeciwko mnie.

Jezu, chcę przebaczyć i, dzięki Twojej łasce, prawdziwie przebaczam tym, którzy są smutni i pokutujący, ale także tym, którzy nie okazują skruchy i którzy z jakiegokolwiek powodu nie żałują, że mnie zranili lub nadal to robią.

Dobry Boże, wybaczam także tym, którzy nie byli świadomi, że mnie ranią.

Panie, szczególnie zależy mi na przebaczeniu moim rodzicom.

Wiem, Panie, że wiele razy nie byli świadomi, że zadają mi ból i często nie umieli lub nie mogli traktować mnie w lepszy sposób.

Chcę wybaczyć ojcu i matce wszystkie sytuacje, w których nie czułem się akceptowany:

- sytuacje, w których zostałem od nich oddzielony (opuszczony)

- sytuacje, w których mi nie wierzyli

- sytuacje, w których mnie nie chronili

- sytuacje, w których zostałem niesprawiedliwie ukarany

- sytuacje, w których mnie nie wspierali

- sytuacje, w których nie pokazali mi bliskości, czułości i intymności, których wtedy bardzo potrzebowałem.

Chcę wybaczyć mojemu ojcu i matce wszystkie ich oczekiwania, z którymi nie umiałem, nie byłem w stanie lub nie chciałem sobie poradzić.

Chcę im wybaczyć sytuacje, w których zranili mnie swoimi słowami.

Chcę wybaczyć ojcu i matce sytuacje, w których czułem się mniej kochany niż mój brat lub siostra.

Chcę im wybaczyć sytuacje, w których czułem się z ich powodu upokorzony i zawstydzony.

Jezu, chcę im wybaczyć, że nie postarali się, by mnie wystarczająco poznać, nie poświęcili mi wystarczająco dużo swojego czasu i uwagi.

Wybaczam im, Jezu, i wszystko, co uczynili źle innym, wybaczam im wszystkie chwile słabości, samolubstwa, skąpstwa, nieumiarkowania...

W szczególny sposób przedkładam Ci to, co mnie najbardziej zraniło.

(Spróbuj sobie przypomnieć najbardziej bolesne sytuacje związane z rodzicami i przebacz im.)

Panie, przedkładam Ci innych ludzi, którzy mnie skrzywdzili i sprawili, że poczułem się odrzucony i mniej wartościowy.

(Przypomnij sobie braci, dziadków, przyjaciół, nauczycieli, małżonków, dzieci, współpracowników i szefów, osoby, w których byłeś zakochany; osoby, które cię gnębiły...)

Panie, przebaczam, ponieważ ja również często popełniam takie same grzechy, ponieważ również chcę, aby mi zostało przebaczone.

Jezu, przebaczam, ponieważ chcę, aby moje serce było czyste, ponieważ chcę żyć w Twoim świętym pokoju.

Ojcze nasz, przebaczam wszystkim, ponieważ stworzyłeś nas z miłością i tęsknisz, aby każdy z nas grzeszników nawrócił się i żył.

(Powtarzaj w sercu przez krótki czas: „Przebaczam, przebaczam, przebaczam...” Niech Duch Święty w tym czasie przywoła ci w myślach osoby, którym powinieneś przebaczyć.)

Panie, przebaczam sobie wszystko to, co już mi przebaczyłeś w swojej miłości, przebaczam, bo wiem, że Ty też chcesz, abym sobie przebaczył.

(Przypomnij sobie teraz swoje najgorsze grzechy i przebacz sobie.)

Jezu, wierzę, że w spotkaniu z Tobą w Eucharystii, w spotkaniu z miłością, z jaką nas miłowałeś na krzyżu, doświadczę pełni łaski przebaczenia.

Modlitwa za wewnętrzne uzdrowienie i wyzwolenie

Ty, Panie Jezu, przychodzisz dać wytchnienie i uleczyć złamane serca, przychodzisz rozwiązać więzy niewoli i uwolnić uciśnionych.

Panie, przynoszę Ci rany duszy, które są jeszcze nieuleczone, które wciąż krwawią i odbierają mi życiową radość.

Szczególnie Ci przynoszę, Panie, te rany, które są w jakikolwiek sposób związane z moim grzesznym uzależnieniem, z moim grzesznym przywiązaniem i skłonnością.

Panie, proszę Cię, abyś wyleczył te moje rany swoją miłością z krzyża, przez Ofiarę Mszy Świętej.

Panie, proszę Cię, wyzwól mnie ze wszystkich negatywnych skutków, który wynikły z moich zranień:

- ulecz i uwolnij mnie od uczucia odrzucenia i mniejszej wartości oraz poczucia winy;

- wyzwól mnie od nienawiści, rozgoryczenia, rozczarowania, złości i wściekłości;

- wyzwól mnie od lęków i niepokojów;

- wyzwól mnie, Panie, od depresji, użalania się nad sobą i wszelkich innych zaburzeń psychicznych.

Proszę Cię, Jezu, wyzwól mnie od oczekiwań innych ludzi, z którymi nie mogłem lub nadal nie mogę sobie poradzić.

Proszę Cię, Panie, wyzwól mnie od najcięższych wspomnień, które stłumiłem w sobie.

(Spróbuj wymienić to, z czym najtrudniej sobie poradzisz lub ten ciężar, który jest dla ciebie najtrudniejszy do noszenia.)

Panie, uwolnij mnie od grzesznego przywiązania do jakiejkolwiek rzeczy lub jakiejkolwiek osoby.

Panie Jezu Chryste, oddaję Ci moją duszę i proszę Cię, abyś wszedł do mojego życia jako mój Odkupiciel, Zbawiciel i Uzdrowiciel.

Niech będzie wola Twoja.

Bądź królem mego serca i życia.

Panie, proszę Cię, podaruj mi swój pokój, podaruj mi łaskę cierpliwości i podnoszenia się z upadku oraz łaskę składania ofiar.

Wyznanie wiary

Panie, wierzę, że podczas Mszy Świętej będę słuchać Twojego słowa, wierzę, że przemówisz do mnie, wierzę, że mnie pouczysz, pocieszysz i dodasz mi odwagi.

Panie, wierzę, że będziesz mnie pociągać do siebie podczas całej Mszy.

Wierzę, że chcesz, aby moje myśli i serce podczas całej Mszy Świętej były skierowane ku Tobie; wierzę, że chcesz, abym całą swoją istotą zanurzył się w Tobie.

Jezu, Zbawicielu mój, wierzę, że chcesz, abym doświadczył Twojego świętego pokoju, Twojej dobroci, Twojej bliskości, Twojej opieki; wierzę, że chcesz, abym we Mszy Świętej doświadczył Twojej świętej obecności.

Panie, mocno wierzę w to, że w Eucharystii spożywam Twoje Ciało i Twoją Krew, spożywam Ciebie, Baranka ofiarnego, który za nas zostałeś zabity.

Wierzę, Panie, że w ten sposób rzeczywiście będę uczestniczyć w Twojej odkupieńczej ofierze, składając ją Ojcu za potrzeby moje i innych ludzi.

Wierzę, Jezu, że dzięki Komunii wchodzisz do mnie jako prawdziwy Bóg i człowiek, ze swoją boską i ludzką miłością.

I ja, Panie, chcę wchodzić do Ciebie z całą swoją ludzką nędzą.

Wierzę, że Komunia, dzięki której Ty jesteś we mnie i ja w Tobie, jest źródłem i centrum mojego życia.

Wierzę, Panie, że przychodzisz tak blisko mnie, abym w Twojej obecności mógł otrzymać łaskę prawdziwego żalu, przebaczenia i oddania się Twojej woli.

Wierzę, Jezu, że przychodzisz tak blisko mnie, abym, w wolności serca, całkowicie ufając Twojej dobroci, mógł oddać Ci swoje rany duszy, abym mógł oddać Ci swoje grzeszne uzależnienia i skłonności, abym, ufając Twojej dobroci, mógł przyjąć Twoje odkupienie, uzdrowienie i wyzwolenie.

Panie, wierzę, że, przez cud Eucharystii, jestem z Tobą jedno, wierzę, że jestem uczestnikiem Twojej cudownej, dla nas ludzi, niezrozumiałej miłości płynącej z krzyża. Wierzę, że dlatego mogę Ojcu składać Twoją odkupieńczą ofiarę, przez Ciebie, z Tobą i w Tobie.

Ponieważ, Ty, Panie, w Eucharystii jesteś i kapłanem, i ofiarą, i ołtarzem.

Wierzę, Panie, że Twoją krwią odnawiam swoje przymierze chrztu, które zawarłem z Tobą.

Wierzę, że mi wybaczasz, że mnie uwalniasz, i że wciąż na nowo napełniasz Duchem Świętym.

Wierzę, Panie, że nie ma większej miłości, że nie ma wspanialszego cudu niż Eucharystia, w której Ty darujesz nam woje życie.

Modlitwa o pomoc

Duchu Święty, proszę Cię, byś mnie prowadził przez tą Mszę Świętą.

Pomóż mi, dzięki Twojej łasce, utrzymywać moje myśli w harmonii z moimi słowami.

Proszę Cię, Duchu Święty, abyś rozlał miłość Ojca w moje serce, bym zdołał naprawdę całym sercem oddać się woli Ojca i przyjąć odkupienie, uzdrowienie i wyzwolenie.

Dziękuję Ci, Duchu Święty, za pomoc, ponieważ bez Twojej łaski nie umiem i nie jestem w stanie właściwie się modlić.

Mój Aniele Stróżu, czuwaj nad moimi myślami podczas Mszy Świętej, aby były z Bogiem i w Bogu.

Święta Maryjo, Matko Boża, Królowo Pokoju, módl się za mnie.

Ty, Maryjo, jesteś najgłębiej związana z męką i śmiercią Jezusa: stałaś pod Jego krzyżem, byłaś Jego pociechą i siłą w najtrudniejszych dla Niego chwilach, przeżyłaś całą głębię bólu, który pozostał ukryty przed innymi ludźmi.

Ty, Maryjo, znasz wszystkie moje boleści.

Ty, Maryjo, znasz mój wstyd i hańbę z powodu grzechu, który mnie zniewolił.

Miecz boleści przeszył Twoje serce, Maryjo, abyś pomogła nam, słabym i grzesznym, odkryć prawdziwe zamierzenia naszych serc, odkryć prawdziwe motywy, według których żyjemy oraz pomogła nam szczerze żałować za własne grzechy.

Ty, Święta Maryjo, widziałaś i doświadczyłaś bólu Jezusa z powodu tych, za których Jego ofiara była daremna, z powodu tych, którzy nie uwierzą i nie oddadzą Mu własnych grzechów, aby uwolnił ich z ich niewoli i negatywnych uczuć.

Święta Maryjo, Matko Boża i Matko moja, uproś mi łaskę, abym mógł całkowicie oddać się Miłosierdziu Twojego Syna Jezusa.

Maryjo, uproś mi łaskę, abym mógł oddać Mu grzech, który mnie zniewolił, abym mógł oddać Mu negatywne emocje i lęki kontrolujący moje życie i kierującym nim, abym mógł Mu oddać osoby, z którymi jestem związany w grzeszny sposób.

Maryjo, uproś mi łaskę przyjęcia pełni Jego odkupienia, aby Jego ofiara za mnie nie była daremna, aby Jego, Twoja i moja radość była pełna.

Maryjo, nie mogę złożyć Ojcu ofiary Twojego Syna, nie złożywszy jednocześnie Twojej ofiary, nie złożywszy ofiary wszystkich tych, którzy na przestrzeni wieków łączą swoje cierpienie z cierpieniem Twojego Syna oraz nie złożywszy mojego cierpienia, które ja też chcę łączyć z cierpieniem Twojego Syna.

Uproś mi, Maryjo, łaskę, abym i ja coraz głębiej poznawał sens ofiarowania własnych wyrzeczeń i cierpień, abym z jak największą wiarą i miłością mógł składać Jezusową ofiarę za dusze potrzebujące łaski odkupienia.

Niech Twoja miłość, Maryjo, dotrze do mojej duszy i niech Twoja matczyna miłość wyzwoli mnie, abym mógł oddać się całkowicie Miłosierdziu Twojego Syna Jezusa.

Święty Józefie, mężu sprawiedliwy od Boga, módl się za mnie.

Święci Apostołowie Piotrze i Janie, św. Franciszku z Asyżu, św. Klaro, św. Franciszku Ksawery, św. Tereso z Avila, św. Tereso od Dzieciątka Jezus, św. Ojcze Pio, św. Janie Pawle II, św. Faustyno Kowalska, wszyscy święci, przez czyje wstawiennictwo kiedykolwiek się modliłem, pomóżcie mi, miłując mnie przed tronem Bożym.

(Przypomnij sobie też innych świętych, do których się modlisz.)

Dusze w czyśćcu, módlcie się za mnie, bym w Ofierze Mszy Świętej uczestniczył tak żarliwie, jak tylko jest to możliwe.

Ja będę za was składać ofiarę Jezusa, świadom, że prawdopodobnie pewnego dnia też będę wołał z czyśćca.

Medytacja komunijna

Panie Jezu, Baranku Boży, nie jestem godzien, abyś wszedł pod mój dach, nie jestem godzien, abyś wszedł do mojej duszy, lecz z całego serca błagam Cię, abyś napełnił mnie Swoją obecnością.

Ponieważ, Panie, jak sam z siebie stanę się tego godny?

Panie, jak sam rozpalę światło swej duszy, kiedy Ty jesteś Światłem, kiedy tylko Ty możesz oświecić moją ciemność, kiedy tylko Ty możesz sprawić, że mogę widzieć, słyszeć i rozumieć sercem - abym szczerze żałował za grzechy i otrzymał Światło?

Jak, Panie, sam uleczę rany, które nie pozwalają mi uwierzyć Ci całym sercem i oddać Tobie całej mojej przeszłości, teraźniejszości i przyszłości?

Panie, bez Ciebie, który jesteś jedynym prawdziwym Pokojem, jak uspokoję swoją duszę?

Panie, jak będzie żyć moja dusza, jeśli Ty, który jesteś Życiem, nie będziesz w niej mieszkać?

Jak, Panie, moja dusza będzie miłować, jeśli nie przebywa w niej Miłość, jeśli nie przebywa w niej Nauczyciel?

Panie, jak będę Ci składać dzięki, jak będę Cię wysławiać, jak będę Cię błogosławić, jeśli moja dusza nie zakosztuje Twojej świętej obecności, jeśli nie doświadczy Twojego świętego pokoju, jeśli nie skosztuje Twojej radości?

Wejdź, Panie, jako mój Odkupiciel i mój Zbawiciel, jako mój nauczyciel i bądź królem mego serca.

Wejdź, Jezu, powiedz Słowo, a żyć będzie cała moja istota.

Wejdź, Jezu, we mnie, pociągnij mnie do swojego krzyża, przytul mnie do swojego serca, ponieważ chcę oddać Ci mój ból, ponieważ chcę oddać Ci moje zranione serce.

Wejdź, Jezu, najgłębiej w moje jestestwo, wyzwól mnie od wszelkiej skłonności do jakichkolwiek grzechów.

Wejdź, Jezu, i wyzwól mnie od grzesznego przywiązania do jakiejkolwiek osoby.

Wejdź, Jezu, i naucz mnie kochać tak, jak Ty nas kochałeś.

Chwalę Cię, mój Boże, wysławiam Cię i błogosławię.

Wielbię Cię i składam Ci dzięki za Twoją wielką dobroć.

Albowiem tylko Tyś sam jest święty.

Tylko Tyś jest Panem.

Tylko Tyś najwyższy, Jezu Chryste.

Z Duchem Świętym, w chwale Boga Ojca.

Amen.

O nawrócenie grzesznika

W Chrytusie mamy odkupienie przez krew Jego, odpuszczenie grzechów, według bogactwa Jego łaski.
Antyfona na Komunię, za wybór lub wpis imienia

(Rozpocznij znakiem krzyża.)

Niech to przygotowanie odbywa się w imię Ojca i Syna i Ducha Świętego! Amen.

Niech Twoja łaska będzie ze mną, Panie Jezu Chrystusie, Twoja miłość, Boże Ojcze i Twoje kierownictwo, Duchu Święty.

Intencja

Wiekuisty Ojcze, składam Ci ofiarę Twojego umiłowanego Syna, Jezusa Chrystusa, za nawrócenie, uświęcenie i zbawienie N..

(Pod N. wstaw imię osoby, za którą ofiarujesz Mszę.)

Podziękowanie za dar życia

Dziękuję Ci, Ojcze święty, za dar życia, który mu podarowałeś.

Ty go cudownie zaprojektowałeś i stworzyłeś na swój obraz i podobieństwo.

Dziękuję Ci, Jezu, za pewność, że stworzyłeś go, aby żył, ponieważ Ty sam jesteś Życiem.

Dziękuję Ci za to, że chcesz, nawet bardziej ode mnie, aby żył pełnią życia, tutaj i w wieczności.

Wiem, Ojcze umiłowany, że w głębi jego duszy wpoiłeś mu miłość gotową do ofiary, gotową do przebaczenia, błogosławieństwa i dziękczynienia; gotową do dawania i udzielania pomocy.

Dziękuję Ci, Boże mój, za pewność, że stworzyłeś go z miłości i dla miłości, ponieważ Ty sam jesteś Miłością.

Dziękuję Ci, że dajesz mi poznać, że Ty go miłujesz więcej, niż ktokolwiek z nas ludzi będzie go w stanie umiłować.

Ojcze Niebieski, Ty z bezgraniczną miłością uznałeś go w sakramencie chrztu za swojego przybranego syna i zaprosiłeś go do tego, by w trakcie swojego życia tę miłość, dobroć i sprawiedliwość odkrywał i nimi żył.

Dziękuję Ci, mój Boże, że udzieliłeś mi natchnienia, abym się za niego modlił.

Dziękuję Ci, Ojcze Niebieski, że chcesz, aby Twoja wola spełniła się w jego życiu, aby Twoje królestwo zamieszkało w jego sercu, że chcesz, aby Twoje imię było dla niego święte.

Ty, Ojcze nasz, chcesz i możesz zbawić go od Złego na wszystkich drogach, którymi kroczy i we wszystkich pokusach.

Z góry dziękuję Ci, nasz Zbawicielu, za jego nawrócenie.

Dziękuję Ci za każdą łaskę, którą N. przyjmie od Ciebie.

Dziękuję Ci, Królu niebios, za każdy ziemski i wiekuisty plan, jaki masz wobec niego.

Dziękuję Ci za każdy dobry uczynek i za każdą ofiarę, którą podjął i podejmie z miłości.

Dziękuję Ci za każde dobre słowo, które już wypowiedział i wypowie.

Dziękuję Ci za każde dobre życzenie, które nosi w swoim sercu.

Dziękuję Ci, Panie za każdą chwilę, którą spędził i spędzi z Tobą, i w Tobie.

Dziękuję Ci, że chcesz mu pomagać w zdobyciu jak największej ilości niezniszczalnych skarbów na życie wieczne, że chcesz, aby był jak najbliżej Ciebie w wieczności.

Podziękowanie za zbawienie

Panie, Ty ofiarujesz nam swoją obfitość życia, ofiarujesz nam siebie samego, a my zbyt często wybieramy swoją drogę ku obfitości i bożków, którym dajemy pierwszeństwo zamiast dać je Tobie i naszym bliźnim.

Tak więc zamiast pełni życia wybieramy marność; zamiast Twojego słowa, pogoń za wiatrem.

Panie, pomimo tego, czego nas uczysz i co nam dajesz, często nie jesteśmy Ci wdzięczni i popadamy w grzech.

Często próbujemy usprawiedliwiać nasze grzechy, często nasz żal nie jest szczery.

Panie, często nie rozumiemy ani Twojej sprawiedliwości, ani Twojego miłosierdzia, i dlatego zdarza nam się, że nie jesteśmy w stanie, lub nawet nie chcemy zaakceptować Cię jako umiłowanego Ojca.

Panie, wielu z nas nie udaje się zmienić się w sposób, w jaki byśmy chcieli, ponieważ nie wiemy, że tylko Ty jesteś tym, który możesz dać nowe serce – wtedy, kiedy jesteśmy z Tobą i w Tobie.

Zbawicielu i Odkupicielu nasz, bez Ciebie, bez Twojego przebaczenia, nikt z nas nie może zostać zbawiony.

Dlatego dziękuję Ci, dobry Ojcze, że dałeś swojego Jednorodzonego Syna, Jezusa Chrystusa, aby każdy, kto w Niego wierzy, nie zginął, ale miał życie wieczne.

Modlitwa za zbawienie

Wiekuisty Ojcze, składam Ci ofiarę Twojego umiłowanego Syna Jezusa Chrystusa za odkupienie N..

Wyzwól go z sytuacji, w których nie czuł się akceptowany, chroniony, kochany i szanowany.

Swoją drogocenną krwią wyzwól go z sytuacji, w których szukał bliskości i wsparcia, ale ich nie otrzymał.

Wyzwól go, Jezu, z sytuacji, w których czuł się niesprawiedliwie ukarany, zaniedbany, samotny i mniej kochany.

Wyzwól go i uwolnij, Jezu, od jego lęków i obaw.

Wyzwól go, Jezu, od bólu spowodowanego trudnościami, życiowym niepowodzeniami i klęskami.

Wyzwól go, Jezu, z sytuacji życiowych, w których członkowie jego rodziny go nie poznawali, nie mogli lub nie chcieli go kochać i szanować, z sytuacji, w których go zranili i sprawili, że poczuł się odrzucony, niechciany, mniej wartościowy, niepewny i przestraszony.

Proszę Cię, Panie, wyzwól go od grzechów, które poczynił myślą, słowem, czynem i zaniedbaniem.

Proszę Cię, abyś oświecił go swoim Duchem, by poznał prawdziwe zamierzenia swojego serca, szczerze żałował za własne grzechy oraz przyjął Twoje przebaczenie, uzdrowienie i wyzwolenie.

Wyzwól go, Jezu, od rozczarowania samym sobą, wyzwól go od wszystkiego, co powoduje, że czuł się mniej kochanym przez Ciebie, który stworzyłeś go z doskonałą miłością.

Wyzwól go, Panie, od postaw, z powodu których nie może przyjąć Ciebie jako umiłowanego i doskonale sprawiedliwego Boga.

Wyzwól go, Zbawicielu nasz, od wszystkiego, co przeszkadza mu, by uznać Cię z całego serca jako Pana swojego życia.

Wyzwól go, Jezu, proszę Cię, od wszelkiego negatywnego wpływu innych ludzi.

Wyzwól go od ludzkich oporów i lęków.

Wyzwól go, Nauczycielu nasz, i uwolnij go od fałszywych nauk, nauczań i postaw.

Panie, proszę Cię, podaruj mu dar nawrócenia, dar odrodzenia, dar żywej wiary i zaufania w Tobie.

Boże nasz, udziel mu łaski, aby mógł i chciał, rozumem i sercem, poznać i przyjąć Cię jako swojego Stwórcę, Odkupiciela i Zbawiciela; aby mógł i chciał poznać i przyjąć Cię jako swojego Nauczyciela, Pocieszyciela i Obrońcę.

Podaruj mu, Ojcze wiekuisty, obfitość Twojego Ducha, aby mógł wzrastać w mądrości i łasce przed Tobą i przed ludźmi.

Panie, proszę Cię, udziel mu łaski, aby mógł i chciał zaufać Twojej miłości i dobroci.

Panie, proszę Cię, udziel mu łaski, aby z Twoją pomocą zawsze dążył do czynienia dobra i unikania zła.

Panie, mój Boże, zabity na krzyżu, proszę Cię, daj mu łaskę, aby nie sądził, nie plotkował i nie oczerniał.

Proszę Cię, Jezu ukrzyżowany, daj mu łaskę, aby mógł i chciał, z pomocą Twojej miłości, przebaczać i modlić się za swoich wrogów.

Panie, Ojcze Święty, proszę Cię z całego serca, aby ten, którego mi powierzyłeś, aby modlić się za niego, był święty; niech będzie radością dla Ciebie i dla nas, którzy się za niego modlimy.

Panie, Życiodawco, proszę Cię, pozwól mu dożyć tyle lat, ile Ty postanowiłeś.

Wyznanie wiary

Panie Jezu, Ty ustanowiłeś sakrament Eucharystii, abyśmy wciąż na nowo mogli owocnie uczestniczyć w Twojej ofierze i abyśmy mogli z niej czerpać owoce odkupienia, owoce Twojej miłości i miłosierdzia.

Dziękuję Ci, że przychodzisz w Eucharystii jako prawdziwy Bóg i człowiek, abyśmy i my, niczym chorzy, cierpiący i grzesznicy z Ewangelii, mogli przyjść do Ciebie i otrzymać Twoją łaskę.

Ty, Jezu, swoją męczeńską śmiercią zapłaciłeś za nasze grzechy; Ty podniosłeś nas z naszej upadłej natury zniewolonej egocentryzmem i egoizmem, zranioną poczuciem odrzucenia i mniejszej wartości.

Twoja ofiara jest doskonała, a od nas, ludzi, oczekujesz, byśmy złożyli ją Ojcu za nas samych i innych.

Panie Jezu, mocno wierzę w to, że w Eucharystii spożywam Twoje Ciało i Twoją Krew, spożywam Ciebie, Baranka ofiarnego, który za nas zostałeś zabity.

Wierzę, Jezu, że wchodzisz do mnie ze swoją boską i ludzką miłością.

Wierzę, Panie, że także ja wchodzę do Ciebie, abyś mi napełnił serce swoją łaską i ufnością w Twoje niezmierzone miłosierdzie; abyś napełnił mnie miłością oraz wspólnie ze mną, złożył swoją ofiarę za N..

Modlitwa o pomoc

Duchu Święty, proszę Cię, byś mnie prowadził przez tą Mszę Świętą, pomóż mi, abym mógł naprawdę uczestniczyć w Jezusowej ofierze na Golgocie.

Pomóż mi, dzięki Twojej łasce, utrzymywać moje myśli w harmonii ze słowami, które usłyszę i wypowiem.

Dziękuję Ci, Duchu Święty, za pomoc, ponieważ bez Twojej łaski nie umiemy właściwie się modlić; bez Twojej łaski nie możemy wierzyć sercem i nie umiemy miłować w sposób, w jaki Jezus uczył nas miłować.

Dziękuję Ci, Duchu Święty, za pomoc, której udzielasz N.,

dziękuję Ci, że rozświetlasz jego ciemności i przyciągasz go do Jezusa który jest Prawdą, i do Jezusa, który jest Światłem.

Mój Aniele Stróżu, czuwaj nad moimi myślami i uczuciami podczas Mszy Świętej, aby były z Bogiem i w Bogu.

Aniele Stróżu święty, chroń N. od Złego i zła: chroń go od pychy i dumy; chroń go od rozpusty i wszelkiego grzesznego nieumiarkowania; chroń go od rozgoryczenia i użalania się nad sobą; chroń go od kłamstw tego świata.

Święta Maryjo, Matko Boża, Królowo Pokoju, módl się za niego.

Ty, Maryjo, jesteś najgłębiej związana z męką i śmiercią Jezusa: stałaś pod Jego krzyżem, byłaś Jego pociechą i siłą w najtrudniejszych dla Niego chwilach, przeżyłaś całą głębię bólu, który pozostał ukryty przed innymi ludźmi.

Miecz boleści przeszył Twoje serce, Maryjo, abyś mogła pomóc nam, słabym i grzesznym, odkryć prawdziwe zamierzenia naszych serc, odkryć prawdziwe motywy, według których żyjemy oraz pomóc nam żałować za grzechy.

Ty, Maryjo, wiedziałaś, że Jezus, umierając na krzyżu, bierze na siebie nasze cierpienia i choroby serca, duszy i ciała; wiedziałaś, że jego rany uzdrawiają nasze rany i zranienia; wiedziałaś, że on na siebie przyjmuje karę za nasze grzechy i nasze winy.

Ty, Święta Maryjo, widziałaś i doświadczyłaś bólu Jezusa z powodu tych, za których Jego ofiara była daremna, którzy będą cierpieć ponieważ nie uwierzą, i nie będą oddać Mu własnych grzechów, cierpień i chorób.

Święta Maryjo, Matko Boża i Matko moja, uproś łaskę N.,

aby mógł całkowicie oddać się Miłosierdziu Jezusowym i przyjąć pełnię Jego odkupienia, aby Jego, Twoja i moja radość była pełna, aby radość N. była pełna.

Maryjo, nie mogę złożyć Ojcu ofiary Twojego Syna, nie złożywszy jednocześnie Twojej ofiary, nie złożywszy ofiary wszystkich tych, którzy na przestrzeni wieków łączą swoje cierpienie z cierpieniem Twojego Syna oraz nie złożywszy mojego cierpienia, które ja też chcę łączyć z cierpieniem Twojego Syna.

Uproś mi, Maryjo, łaskę, abym i ja coraz głębiej poznawał sens ofiarowania własnych wyrzeczeń i cierpień, abym z jak największą wiarą i miłością mógł składać ofiarę Jezusową za N. i za inne dusze potrzebujące łaski odkupienia.

Niech Twoja miłość, Maryjo, dotrze do jego duszy i niech go Twoja matczyna miłość wyzwoli, aby mógł całkowicie oddać się Miłosierdziu Twojego Syna Jezusa.

Święta Maryjo, święty Józefie, zawierzam N. Waszej matczynej i ojcowskiej opiece, abyście z Waszą pomocą zawsze przyciągali Go do Pana i chronili go przed Złym, chronili go przed wszelkim złem i grzechem oraz przed każdym niebezpieczeństwem, które mogłoby zagrozić jego życiu.

Święta Maryjo, Matko Jezusowa, Święty Józefie, proszę was, miłujcie N. przed obliczem Boga.

Święci Apostołowie Piotrze i Janie, św. Franciszku z Asyżu, św. Klaro, św. Franciszku Ksawery, św. Tereso z Avila, św. Tereso od Dzieciątka Jezus, św. Ojcze Pio, św. Janie Pawle II, św. Faustyno Kowalska, wszyscy święci, przez czyje wstawiennictwo kiedykolwiek się modlił, pomóżcie mu, miłując go przed tronem Bożym.

Dusze w czyśćcu, módlcie się za mnie, bym w Ofierze Mszy Świętej uczestniczył tak żarliwie, jak tylko jest to możliwe.

Ja będę modlić się za was, świadom, że prawdopodobnie pewnego dnia też będę wołał o pomoc z czyśćca.

Proszę was, módlcie się za N., aby zrodził się na nowo i był święty przed Bogiem i przed ludźmi.

Medytacja komunijna

Panie, N. prawdopodobnie nie jest godzien, abyś wszedł pod jego dach, nie jest godzien, abyś wszedł do jego duszy, lecz z całego serca błagam Cię, abyś napełnił go Swoją obecnością.

Ponieważ, Jezu mój, jak sam z siebie stanie się tego godny?

Jezu, jak sam rozpali światło swej duszy, kiedy Ty jedyny jesteś Światłem, kiedy tylko Ty możesz oświecić jego ciemności.

Pocieszycielu nasz, jak sam uleczy rany, które nie pozwalają mu uwierzyć Ci całym sercem i oddać Tobie całej swojej przeszłości, teraźniejszości i przyszłości.

Odkupicielu mój, bez Ciebie, który jesteś jedynym prawdziwym Pokojem, jak uwolni się od zmartwień i uspokoi swoją duszę?

Panie, jak będzie żyć jego dusza, jeśli Ty, który jesteś Życiem, nie będziesz w niej mieszkać?

Jak, Panie, jego dusza będzie uczyć się, jeśli nie przebywa w niej Nauczyciel?

Jak będzie słuchać, rozumieć i chronić Twoje Słowo, jeśli Twój Duch nie wypełnia go swoją obecnością?

Panie, jak będzie Ci składać dzięki, jak będzie Cię wysławiać, jak będzie Cię błogosławić, jeśli jego dusza nie zakosztuje Twojej świętej obecności, jeśli nie doświadczy Twojego światła, jeśli nie doświadczy Twojego pokoju, jeśli nie skosztuje Twojego życia.

Wiem, Panie, że bez Ciebie nie jesteśmy w stanie przebaczyć całkowicie, bez Ciebie nie możemy miłować całkowicie, bez Ciebie nie umiemy właściwie się modlić.

Dlatego, wejdź, Panie, w duszę N. i bądź w nim źródłem wody żywej, wody, która płynie ku wieczności.

Wejdź w jego duszę, ofiarowany Baranku, obmyj go swoją krwią i usuń z jego duszy wszystko to, co czyni go niegodnym Ciebie.

Wejdź, Panie, do jego duszy, ponieważ On Cię potrzebuje, bo bez Ciebie nie odnajdzie sensu życia.

Wejdź, Panie, do jego duszy jako Zbawiciel i Odkupiciel.

Wejdź, Jezu, ulecz jego duszę, uczyń jego serce swoim królewskim tronem i naucz go miłować tak, jak Ty nas umiłowałeś.

Jezu, proszę Cię całym sercem, wejdź w duszę N., wyzwól go i ulecz; bądź jego pokojem i jego wieczną radością.

Chwalę Cię, mój Boże, wysławiam Cię i błogosławię.

Wielbię Cię i dzięki Ci składam za Twoją wielką dobroć.

Albowiem tylko Tyś sam jest święty.

Tylko Tyś jest Panem.

Tylko Tyś najwyższy, Jezu Chryste.

Z Duchem Świętym, w chwale Boga Ojca.

Amen.

Za wynagrodzenie wyrządzonej szkody

(Wielu ludzi zraniliśmy swoimi myślami, słowami, uczynkami i zaniedbaniem czynienia dobra. Niektórych ludzi zachęcaliśmy do grzechu, świadomie lub nieświadomie, a z niektórymi wspólnie grzeszyliśmy. Szczery żal za grzechy, spowiedź oraz niezbędna, szczera pokuta mogą to przemienić w dobro.)

(Rozpocznij znakiem krzyża.)

Niech to przygotowanie odbywa się w imię Ojca i Syna i Ducha Świętego!

Niech Twoja łaska będzie ze mną, Panie Jezu Chryste, Twoja miłość, Boże Ojcze, w jedności Ducha Świętego. Amen.

Intencja

Wiekuisty Ojcze, składam Ci ofiarę Twojego umiłowanego Syna, naszego Pana, Jezusa Chrystusa, za tych, których zraniłem grzechami, za tych, z którymi wspólnie grzeszyłem oraz za tych, których, świadomie lub nieświadomie, zachęcałem do grzechu.

Podziękowanie

Panie Jesu Chryste, składam Ci dzięki, że swoją męką i śmiercią, odkupiłeś nas od grzechów i ich skutków.

Składam Ci dzięki, że wziąłeś na siebie nasze cierpienia i choroby.

Składam Ci dzięki, że uleczyłeś nas swoimi ranami.

Dziękuję Ci, Panie, że bierzesz na siebie każdy grzech, że wybaczasz każdy grzech, który Ci oddajemy żałując za niego i ufając Twojemu miłosierdziu.

Dziękuję Ci, Panie, że bierzesz na siebie każdy ból, który Ci oddajemy, ufając Twojej miłości.

Dziękuję Ci, Jezu, że swoimi ranami leczysz każdą ranę naszego serca, którą Ci oddajemy, ufając Twojej dobroci.

Dziękuję Ci, Boże nasz, że nieustannie przyciągasz nas do Siebie, że chcesz, abyśmy przychodzili do Ciebie za każdym razem, kiedy jesteśmy kuszeni do zła; za każdym razem, gdy jesteśmy zmęczeni i obciążeni; za każdym razem, gdy jesteśmy zranieni oraz za każdym razem, gdy poznamy, że obraziliśmy naszymi grzechami Ciebie i naszych bliźnich.

Dziękuję Ci, Panie, bo tylko w Twojej obecności znajdujemy oparcie w walce przeciwko grzechowi; tylko w Twojej obecności możemy szczerze żałować za grzechy i tylko w Twojej obecności możemy z ufnością otrzymać Twoje przebaczenie.

Dziękuję Ci, Panie, bo tylko w Twojej obecności możemy szczerze i z wiarą modlić się za tych, których zraniliśmy, tylko w Twojej obecności możemy zaufać Twojej dobroci, dzięki której możesz uleczyć serca tych, których zraniliśmy, i dzięki której możesz naprawić szkody tam, gdzie je wyrządziliśmy.

Dziękuję Ci, Panie, bo tylko w Twojej obecności możemy szczerze, z całego serca przebaczyć tym, którzy zranili nas swoimi grzechami.

Dziękuję Ci, Jezu, bo tylko Ty możesz dać naszym duszom prawdziwy pokój i radość.

Modlitwa

Panie, dziś stawiam Ci przed Twoim krzyżem tych, których zraniłem swoimi myślami, słowami, czynami i zaniedbaniem.

(Poświęć wystarczająco dużo czasu na zrobienie rachunku sumienia i ufając pomocy Ducha Świętego, przyprowadź do Jezusa osoby, które zraniłeś swoimi grzechami.)

Panie, proszę o wynagrodzenie im szkody.

Pociągnij ich ku Sobie, daj im odpoczynek, weź ich bóle i ulecz ich rany.

Panie Jezu, Zbawicielu i Odkupicielu nasz, przedkładam Ci tych, z którymi wspólnie zgrzeszyłem, a zwłaszcza tych, których w jakikolwiek sposób zachęcałem do grzechu.

(Poświęć wystarczająco dużo czasu na zrobienie rachunku sumienia i ufając pomocy Ducha Świętego, przyprowadź do Jezusa osoby, z którymi wspólnie grzeszyłeś oraz te, które w jakikolwiek sposób zachęcałeś do grzechu.)

Proszę Cię, Panie, wybacz nam i ulecz nasze rany.

Proszę Cię, przyciągnij nas mocno ku Sobie, ku swojej miłości na krzyżu.

Daj mi, Panie, łaskę częstej modlitwy.

Proszę Cię, abym często składał Twoją ofiarę Ojcu za tych, których zraniłem swoimi grzechami, za tych, z którymi wspólnie grzeszyłem oraz za tych, których świadomie lub nieświadomie, zachęcałem do grzechu.

Rozpal, Panie, w moim sercu miłość do nich wszystkich.

Spraw, abym, dzięki Twojej łasce promieniował tą miłością, składając własne ofiary za ich odkupienie, za ich uzdrowienie, za ich nawrócenie i uświęcenie.

Ty, Panie, w swojej miłości, przemień zło w ich wieczne dobro.

(Przypomnij sobie jeszcze raz niektóre z tych osób i przyprowadź ich przed Pana.)

Wyznanie wiary

Panie, wierzę, że podczas Mszy Świętej będę słuchać Twojego słowa; wierzę, że przemówisz do mnie; wierzę, że mnie pouczysz, pocieszysz i dodasz mi odwagi; wierzę, że rozświetlisz moje sumienie.

Panie, wierzę, że będziesz mnie pociągać ku sobie podczas całej Mszy.

Wierzę, że chcesz, aby podczas całej Mszy Świętej moje myśli i serce były skierowane ku Tobie; wierzę, że chcesz, abym całą swoją istotą zanurzył się w Tobie.

Jezu, Zbawicielu mój, wierzę, że chcesz, abym doświadczył Twojego pokoju, Twojej bliskości, Twojej opieki; wierzę, że chcesz, abym we Mszy Świętej doświadczył Twojej świętej obecności.

Panie, Jezu Chryste, mocno wierzę, że w Komunii spożywam Twoje Ciało i Twoją Krew, spożywam Ciebie, Baranka ofiarnego, który za nas zostałeś zabity.

Wierzę, Panie, że w ten sposób rzeczywiście będę uczestniczyć w Twojej odkupieńczej ofierze, składając ją Ojcu we własnych intencjach i intencjach innych osób.

Wierzę, Jezu, że dzięki Komunii wchodzisz do mnie jako prawdziwy Bóg i człowiek, ze swoją boską i ludzką miłością.

I ja, Panie, chcę wchodzić do Ciebie z całą swoją ludzką nędzą.

Wierzę, że Komunia, dzięki której Ty jesteś we mnie i ja w Tobie, jest źródłem i centrum mojego życia.

Panie, w tych chwilach chcę Ci poświęcić całą swoją uwagę, chcę Cię kochać całą swoją istotą, chcę całkowicie oddać się Twojej dobroci i miłości.

Chcę przytulić się do Ciebie, Panie, do Twojego krzyża i oddać Ci wszystkich, za których składam Twoją ofiarę Ojcu.

(Przypomnij sobie niektóre z tych osób ponownie.)

Pragnę, Jezu, miłując Cię w tych chwilach, uczyć się miłować swoich bliźnich.

Boże mój, chcę Ci składać dzięki, chcę Cię chwalić i wysławiać. Raduję się, ponieważ Ty wszystko przemieniasz w dobro tym, którzy Cię miłują.

Panie, chcę cieszyć się z Twojej obecności.

Błogosławię Cię, Panie, błogosławię Twoją łaskę, której kosztuję podczas Mszy Świętych, w których będę ofiarować Ojcu wszystkie te osoby, na których, dzięki Twojej łasce, naprawdę mi zależy.

Dziękuję Ci, że mnie zmieniasz na każdej Mszy; dziękuję Ci, że pomnażasz moją wiarę, abym mógł z prawdziwą ufnością zwracać się do Ciebie z prośbami; dziękuję Ci, że umacniasz moje zaufanie do Twojej dobroci; dziękuję Ci, że uczysz mnie kochać tak, jak Ty nas kochałeś.

Modlitwa wstawiennicza

Święta Maryjo, Matko Boża, Królowo Pokoju, módl się za mnie, który ofiaruję Mszę, i za wszystkich tych, których zraniłem swoim grzechami.

Ty, Maryjo, jesteś najgłębiej związana z męką i śmiercią Jezusa: stałaś pod Jego krzyżem, byłaś Jego pociechą i siłą w najtrudniejszych dla Niego chwilach, przeżyłaś całą głębię bólu, który pozostał ukryty przed innymi ludźmi.

Miecz boleści przeszył Twoje serce, Maryjo, abyś pomogła nam, słabym i grzesznym, odkryć prawdziwe zamierzenia naszych serc, odkryć prawdziwe motywy, według których żyjemy oraz pomóc nam żałować za grzechy.

Ty, Maryjo, wiedziałaś, że Jezus, umierając na krzyżu, bierze na siebie nasze cierpienia i choroby serca, duszy i ciała; wiedziałaś, że jego rany uzdrawiają nasze rany i zranienia; wiedziałaś, że przyjmuje On na siebie karę za nasze grzechy i nasze winy.

Ty, Święta Maryjo, widziałaś i doświadczyłaś bólu Jezusa z powodu tych, za których Jego ofiara była daremna, którzy będą cierpieć ponieważ nie uwierzą, i nie będą oddać Mu własnych grzechów, cierpień i chorób.

Dlatego, Maryjo, nie mogę złożyć Ojcu ofiary Twojego Syna, nie złożywszy jednocześnie Twojej ofiary, nie złożywszy ofiary wszystkich tych, którzy na przestrzeni wieków łączą swoje cierpienie z cierpieniem Twojego Syna oraz nie złożywszy mojego cierpienia, choć cierpiałem zbyt mało.

Święta Maryjo, Matko Boża i Matko moja, uproś łaskę wszystkim tym, których zraniłem, aby mogli całkowicie oddać się Jezusowemu Miłosierdziu i przyjąć pełnię Jego odkupienia, aby Jego, Twoja, moja, oraz ich radość była pełna.

Święta Maryjo, Matko Boża, wstaw się przed swoim umierającym Synem za osoby, za czyje zbawienie składam Ojcu Jego Ofiarę.

Niech Twoja miłość, Maryjo, dotrze do tych części ich dusz, które nie będą mogły oprzeć się Twojej matczynej miłości.

Niech Twoja miłość, Maryjo, przyciągnie ich do Twojego Syna Jezusa, aby mogli uwierzyć w Jego miłosierdzie, zawezwać Jego imienia i całkowicie Mu ufając, oddać Mu swoje bóle, szczególnie te, które ja spowodowałem.

Uproś mi, Maryjo, łaskę, abym i ja coraz głębiej poznawał sens ofiarowania własnych wyrzeczeń i cierpień, abym z jak największą wiarą i miłością mógł składać ofiarę Jezusową za dusze potrzebujące łaski odkupienia.

Święty Józefie, umiłowany przez Boga, módl się za nas.

Święta Maryjo, święty Józefie, módlcie się za nas grzeszników, módlcie się za mnie oraz za tych, których zraniłem swoimi grzechami, za tych, z którymi wspólnie grzeszyłem oraz za tych, których, świadomie lub nieświadomie, zachęcałem do grzechu.

Święci... módlcie się za nas.

(Przypomnij sobie innych świętych, do których się uciekasz.)

Medytacja komunijna

Panie Jezu, Baranku Boży, nie jesteśmy godni abyś wszedł do naszych dusz, lecz z całego serca błagam Cię, abyś napełnił nas Swoją obecnością.

Ponieważ, Panie, jak sami z siebie staniemy się tego godni?

Panie, jak sami rozpalimy światło swej duszy, kiedy Ty jesteś Światłem, kiedy tylko Ty możesz oświecić naszą ciemność, kiedy tylko Ty możesz sprawić, że możemy widzieć, słyszeć i rozumieć sercem - abyśmy szczerze żałowali za grzechy i otrzymali Światło?

Bez Twojej łaski, Panie, jak wybaczymy, jak będziemy szczerze żałować, jak będziemy modlić się z wiarą, jak będziemy się zmieniać?

Panie, bez Ciebie, który jesteś jedynym prawdziwym Pokojem, jak uspokoimy swoją duszę?

Panie, jak będą żyć nasze duszy, jeśli Ty, który jesteś Życiem, nie będziesz w nich mieszkać?

Jak, Panie, nasze duszy będą uczyć się miłować, jeśli nie przebywa w nich Miłość, jeśli nie przebywa w nich Nauczyciel?

Panie, jak będziemy Ci składać dzięki, jak będziemy Cię wysławiać, jak będziemy Cię błogosławić, jeśli nasze duszy nie zakosztują Twojej świętej obecności, jeśli nie doświadczą Twojego świętego pokoju, jeśli nie skosztują Twojej radości?

Wejdź, Panie, jako nasz Odkupiciel i nasz Zbawiciel, jako nasz Nauczyciel i nasz Uzdrowiciel, wejdź i bądź królem naszych serc.

Wejdź, Jezu, powiedz Słowo, a żyć będzie cała nasza istota.

Wejdź, Jezu, we mnie, pociągnij nas do swojego krzyża, przytul nas do swojego serca, ponieważ chcemy oddać Ci nasz ból, ponieważ chcemy oddać Ci nasze zraniona serca.

Wejdź, Jezu, i naucz nas kochać tak, jak Ty nas kochałeś.

Wejdź, Jezu, w moje serce, ponieważ chcę z Tobą, z Twoją miłością prosić Ojca, by się zmiłował nad wszystkimi tymi, za których ofiaruję Mszę Świętą.

Amen.

O AUTORZE

Josip Lončar jest dyrektorem fundacji działającej na rzecz propagowania wartości chrześcijańskich *Kristofori* oraz redaktorem naczelnym magazynu *Book*. Jest wieloletnim członkiem ACCSE - Stowarzyszenia Koordynatorów Katolickich Szkół Ewangelizacji. Przez wiele lat był oficjalnym promotorem ICCRS - Międzynarodowej Służby Katolickiej Odnowy Charyzmatycznej z siedzibą w Watykanie. W ciągu prawie trzech dekad swojej działalności prowadził warsztaty z odnowy duchowej w ponad 300 parafiach w Chorwacji i za granicą.

Jest autorem następujących książek:

Charyzma wiary, Różaniec babci, Moc z wysoka, Jak uwierzyć, *Szkoła modlitwy (1, 2, 3), Pragnę, abyś żył, Msza Święta. Najświętsze wydarzenie na świecie.*

Josip Lončar jest także autorem filmu *Dlaczego Medjugorje?*